JN423309

아동영어성경

아동영어성경

홍선미 지음

한국문화사

아동영어성경

초판인쇄 2007년 10월 5일
초판발행 2007년 10월 10일

지 은 이 홍 선 미
펴 낸 이 김 진 수
펴 낸 곳 **한국문화사**
등 록 1991년 11월 9일 제2-1276호
주 소 서울특별시 성동구 성수1가2동 656-1683번지 두앤캔B/D 502
전 화 (02)464-7708 / 3409-4488
전 송 (02)499-0846
이 메 일 hkm77@korea.com
홈페이지 www.hankookmunhwasa.co.kr

값 9,000원

잘못 만들어진 책은 바꾸어 드립니다.
이 책의 내용은 저작권법에 따라 보호받고 있습니다.
Copyright ⓒ 한국문화사

ISBN 978-89-5726-499-7 93740

|머리말|

다양함과 촉박함으로 인해 각박하게 살아가는 현 생활에서 우리 아이들이 믿고 의지해야 할 진리를 알려 줘야 한다. 성적 우선주의, 물질 만능주의, 지식정보 중심주의의 사회는 남보다 뛰어나야만 한다는 경쟁위주의 삶을 추구해야만 생존할 수 있다는 어긋난 방법을 제시하고 있다. 이런 다정보 다가치의 사회에서 영원불변의 진리인 성경을 통해 아이들의 생각을 바로잡고 믿음 속에서 성장할 수 있도록 인도해야 하는 것이 부모님이나 교회지도자들의 몫이다. 어려운 한글 성경구절보다 재미있고 이해하기 쉬운 영어성경으로 아동들에게 예수님의 말씀을 전달하고자 이 교재를 편찬하게 되었다.

구성은 우선 아동영어성경을 지도하기 위한 인물별 기본적인 성경 배경을 정리하고 해당하는 구절의 영어성경을 인용하여 쉽고 간단하게 제시하고 있다. 영어성경구절을 더 잘 이해하기 위해 필요한 숙어나 문법 설명을 곁들여 정리하였고 한 강마다 연습문제를 넣어서 학습한 성경내용과 숙어 및 문법을 잘 이해했는지 확인하는 단계를 거친다. 해당하는 주제에 대한 활동이나 영어노래를 강의 주제에 따라 넣었고 한 강의 학습이 끝난 뒤 해당 강에 대한 애니메이션을 보면서 내용을 이해하도록 구성했다.

국제디지털대학교 아동영어성경이란 과목의 교재로 집필이 되었으나 필요한 분들에 의해 가정, 교회나 여러 가지 성경공부모임 등에 사용된다면 우선 강의를 한 번 들어본 후 활용하실 것을 당부 드립니다. 세례를 받고 성도가 된지 집사가 된지 그리 오래 되지 않은 늦장이 기독교인이지만, 많은 점이 미흡하지만, 하나님과의 약속을 지키기 위해 강의를 개설하고 교재까지 편찬하게 되었습니다. 아직도 말씀을 공부하는 학생의 입장으로 말씀을 더 깊이 알아가는 성도의 입장으로 많은 조언 부탁드립니다. 또한, 네 번째 출간을 도와주신 한국문화사 직원 분들께도 감사드립니다.

믿는 자 안에서 모든 것을 가능케 하시는 주님께 감사드리며…
"I can do all things through Christ who strengthens me"

2007년 9월 중앙공원 단풍 빛 분수를 바라보며…

|차례|

PART 01

PART 02

PART 03

PART 04

PART 05

PART 06

PART 08

PART 09

PART 10

PART 11

PART 12

PART 13

PART 01

1-1강 천지창조

1-3강 인간창조

1-1 천지창조

학습목표	• 이 강을 통해 천지창조가 어떻게 이루어졌으며 천지창조를 통한 하나님의 뜻하심을 알아본다. • 언어적 표현을 정리한다. -서수 -과거형 -사역동사
수업개요	• 창세기 • 하늘과 지구 • 천지창조 • 언어적 표현 정리 -서수 -과거형 -사역동사 • 연습문제

창세기 1:1

발음교육의 시작

- 태초에 하나님께서 하늘과 땅을 창조하셨다.

  In the beginning God created the heavens and the earth.

- 땅은 혼돈하고 공허하며 흑암이 깊음 위에 있고 하나님의 신은 수면에 운행하셨다.

  Now the earth was formless and empty, darkness was over the surface of the deep, and the Spirit of God was hovering over the waters.

하늘과 지구

하늘

- 하늘의 하늘(시 148:4): highest heavens
- 하늘들의 하늘(대하 2:6, 6:18, 느9:6): the highest heavens
- 셋째 하늘(고후12:2): the third heaven

지구

- 지구는 아무 형태도 없이 비어 흑암에 쌓여 물(바다)로 뒤덮여 있었다.(창1:2)

  Now the earth was formless and empty, darkness was over the surface of the deep, and the Spirit of God was hovering over the waters.

- 땅은 물(바다)에서 드러난 것으로 지구는 태초에 바다로 뒤덮여 있었다.(창1:9)
  And God said, "Let the water under the sky be gathered to one place, and let dry ground appear."

▩ 천지창조

- 첫째 날: 빛을 창조하심(창 1:3-5)
  The first day: "Let there be light" and there was light. God saw that the light was good, and he separated the light from the darkness. God called the light "day" and the darkness he called "night."(창 1:3-5)

- 둘째 날: 궁창을 창조하심(창1:6-8)

  The second day: "Let there be an expanse between the waters to separate water from water." So God made the expanse and separated the water under the expanse from the water above it. God called the expanse "sky." (창1:6-8)

- 셋째 날: 땅을 물에서 드러나게 하시고 땅에 식물을 창조하심(창1:9-13)
  The third day: "Let the water under the sky be gathered to one place, and let dry ground appear." God called the dry ground "land," and the gathered waters he called "seas."(창1:9-13)

- 넷째 날: 해와 달과 별과 그들의 빛을 창조하심(창:1:14-19)
  The fourth day: Let there be lights in the expanse of the sky to separate the day from the night, and let them be lights in the expanse of the sky to give light on the earth(창:1:14-19)-sun, moon, stars

- 다섯째 날: 물에는 큰 물고기와 생물을 하늘에는 새를 창조하심(창1:20-23)
  The fifth day: Let the water teem with living creatures, and the birds fly above the earth across the expanse of the sky(창1:20-23)

- 여섯째 날: 땅의 생물과 인간을 창조하심(창1:24-30)

The sixth day: Let the land produce living creatures that move along the ground, and wild animals, each according to its kind(창1:24-30)

- 일곱째 날: 안식하심(창2:1-3)

The seventh day: So on the seventh day he rested from all his work.(창 2:1-3)

■ 언어적 표현-서수와 기수

기수 - 서수	기수 - 서수
One - First	Eleven - Eleventh
Two - Second	Twelve - Twelfth
Three - Third	Thirteen - Thirteenth
Four - Fourth	Fourteen - Fourteenth
Five - Fifth	Fifteen - Fifteenth
Six - Sixth	Sixteen - Sixteenth
Seven - Seventh	Seventeen - Seventeenth
Eight - Eighth	Eighteen - Eighteenth
Nine - Ninth	Nineteen - Nineteenth
Ten - Tenth	Twenty - Twentieth

■ 언어적 표현 - 과거

기본형	과거형
Be	was, were
See	Saw
Make	Made
Create	Created
Separate	separated
Call	called
Gather	gathered
Rest	rested

언어적 표현 - 사역동사

■ Let + 목적어 + 동사의 기본형

- Let there be light.
- Let there be an expanse between the waters.
- Let the water under the sky be gathered to one place.
- Let dry ground appear.
- Let them be lights in the expanse of the sky.
- Let the water teem with living creatures.
- Let the land produce living creatures.

Quiz / Song

Q1. 관계 있는 것을 연결하시오.

The first day	A. water-land and seas
The second day	B. Wild animals and man
The third day	C. Light-day and night
The fourth day	D. sun, moon and stars
The fifth day	E. rest
The sixth day	F. expanse-sky
The seventh day	G. birds, fish and living creatures

Q2. 빈칸을 채워서 밑에 있는 문장을 완성하십시오(동사사용).

- The God ______ the world.
- The God ______ that the light was good.
- Let there ______ light.

Q3. Further Activity

1. 사물 그림의 영어 이름 맞추기.

2. 서수 연습 게임.

♫ Song

My God is So Great

My God is so great so strong and so mighty
There's nothing my God can not do!
My God is so great so strong and so mighty
There's nothing my God can not do!
The mountains are His. The rivers are His.
The stars are His handiwork, too.
My God is so great so strong and so mighty
There's nothing my God can not do!

Ten Little Indian boy

One little, two little, three little indians
Four little, five little, six little indians
Seven little, eight little, nine little indians
Ten little indian boy

First little, second little, third little indian
Fourth little, fifth little, sixth little indian
Seventh little, eighth little, ninth little indian
Tenth little indian boy

1-3 인간창조

학습목표	• 이 강을 통해 천지창조가 어떻게 이루어졌으며 천지창조를 통한 하나님의 뜻하심을 알아본다. • 언어적 표현을 정리한다. -서수 -과거형 -사역동사
수업개요	• 창세기 • 하늘과 지구 • 천지창조 • 언어적 표현 정리 -서수 -과거형 -사역동사 • 연습문제

▣ 인간창조

- 하나님은 자신의 형상과 모양대로 사람을 만드시고 바다의 고기와 공중의 새와 육축과 온 땅과 땅에 기는 모든 것을 다스리게 하셨다(창1:26).

  Let us make man in our image in our likeness, and let them rule over the fish of the sea and the birds of the air, over the livestock, over all the earth, and over all the creatures that move along the ground

- 인간을 남자와 여자로 창조하시고 복을 주시며 생육하고 번성하여 땅에 충만하게 하시며 땅을 정복하고 바다의 고기와 하늘의 새와 땅의 생물을 다스리게 하셨다(창1:27-28)

  male and female he created them and God bless them and said to them "Be fruitful and increase in number; fill the earth and subdue it. Rule over the fish of the sea creature that moves on the ground.

- 하나님이 흙으로 사람을 지으시고 생기를 그 코에 불어 넣어 생령이 되게 하셨고(창2:7), 하나님이 사람을 에덴에 살게 하여 에덴을 다스리며 지키게 하시고 동산의 각종 나무의 실과는 임의로 먹을 수 있으나 선악을 알게 하는 나무의 실과는 먹지 못하게 하시고 만약 먹는 날에는 정녕 죽을 것이라 말씀하셨다.

  The Lord God formed the man from the dust of the ground and breathed into his nostrils the breath of life, and the man became a living being. The Lord God took the man and put him in the Garden of Eden to work it and take care of it. And the Lord God commanded the man, "You are free to eat from any tree in the garden; but you must not eat from the tree of the knowledge of good and evil, for when you eat of it you will surely die."

- 아담이 모든 동식물의 이름을 지었으며(창2:19-20)
  Whatever the man called each living creature, that was its name.

- 하나님이 아담을 깊이 잠들게 하시고 갈빗대 하나를 취하여 살로 대신 채우시고 이를 여자로 만드신 후 아담에게 데리고 오자 아담이 보고 이는 내 뼈 중에 뼈요 살 중에 살이라 말하고 여자라 칭하였다(창2:18-23)
  Then the Lord God made a woman from the rib he had taken out of the man, and he brought her to the man. The man said, "This is now bone of my bones and flesh of my flesh; she shall be called 'woman,' for she was taken out of man."

- 하나님은 남자가 부모를 떠나 그 아내와 연합하여 둘이 한 몸을 이루어 가정을 이루도록 하시고 결혼제도를 만드셨으며(창2:24)
  For this reason a man will leave his father and mother and be united to his wife, and they will become one flesh.

- 아담과 하와가 벗었으나 부끄러워 아니하였다.(창2:25)
  The man and his wife were both naked, and they felt no shame.

▣ 에덴창조

- 하나님은 동방에 에덴을 창조하시고 사람을 에덴에서 살게 하시고(창2:8)
  Now the Lord God had planted a garden in the east, in Eden; and there he put the man he had formed.

- 에덴동산에 보기에 아름답고 먹기에 좋은 나무를 나게 하시고 생명나무와 선악을 알게 하는 나무도 있게 하시며(창2:9)

And the Lord God made all kinds of trees grow out of the ground-trees that were pleasing to the eye and good for food. In the middle of the garden were the **tree of life** and **the tree of the knowledge of good and evil**.

- 강을 만드시고 에덴에서 발원하여 동산을 흐르게 하고 네 강의 근원이 되게 하셨다(창2:10-14)

  A river watering the garden flowed from Eden; from there it was separated into four head-waters.

- 첫째 강: 비손(Pishon)-하윌라 땅(Havilah)
- 둘째 강: 기혼(Gihon)-구스 땅(Cush)
- 셋째 강: 힛데겔(Tigris)-앗수르 동편(Asshur)
- 넷째 강: 유브라데스(Euphrates)-메소포타미아 지역

창조와 진화론

- 진화론에 필요한 지구의 역사
- 요일2:16
- 진화론: 45억년-200억년의 세월이 필요함.
- 롬1:20

- 인간의 발명품과 진화론
- 지구를 둘러싼 태양계의 질서
- 우주와 자연생명체의 진화

- 인구 통계학
- 1백 만년 전에 진화되었다면 현재 수천억 명 이상임.
- 현재 세계 인구 약60억 명은 노아의 홍수 때 살아남은 8명이 4,300-4,500년 동안 매년 약 0.46-0.47% 정도 증가된 것으로 볼 수 있음.

언어적 표현 - 숙어

숙어	의미
In our image	우리의 모습대로
Rule over (명사)	~을 지배하다.
Move along (명사)	~ 따라 움직이다.
Form A from B	B로 A를 만들다.
Breath into (명사)	~에 숨을 불어 넣다.
Take care of (명사)	~을 보살피다, 돌보다.
Be free to (동사)	자유롭게 ~하다.
Out of the ground	땅으로부터
Separate into (명사)	~ 으로 가르다. 나누다

언어적 표현 - 명령문

Be + 보어(형용사, 명사)
동사의 원형
명령문의 부정: Don' t 사용

- Be fruitful.
- Increase in number.
- Fill the earth and subdue it.
- Rule over the fish of the sea creature.
- Don't be late.
- Don't bring that dog in here.

Quiz / Song

Q1. 관계 있는 것을 연결하시오.

Pishon	A. Havilah
Gihon	B. Asshur
Tigris	C. Cush
Euphrates	D. Mesopotamia

Q2. 빈칸을 채워서 밑에 있는 문장을 완성하십시오. (전치사 사용)

1. Let us make man ______ our image.
2. Take care ______ your brother.
3. The God formed man ______ the dust.
4. Let them rule ______ all earth.
5. All the creatures move ______ the ground.
6. You are free ______ eat from any tree.

Q3. Further Activity

1. 창조자연사 박물관 방문하기 (www.cjmuseum.net)
2. 창족론에 대한 증거 정리해보기

♫ Song

God Made Me

God made me, God made me, I'm so glad that God made me.

God made my fingers, God made my toes, God made my knuckles,

God made my nose, God made my hipbones, and

God made my chin, and God made the shape that I am in.

Head, Shoulders, Knees and Toes

Head and shoulders, knees and toes, knees and toes;

Head and shoulders, knees and toes, knees and toes;

And eyes and ears and a mouth and a nose;

Head and shoulders, knees and toes, knees and toes.

PART 02

2-1강 인간의 죄

2-2강 노아 시대의 홍수심판

2-1 인간의 죄

학습목표	• 인간은 어떤 원죄를 가지게 되었고 그 죄로 인해서 어떻게 살아야 하는지 알아보자. • 언어적 표현을 정리한다. - 조동사 - 수동태
수업개요	• 아담과 하와의 원죄 • 죄의 결과 • 무엇이 죄인가 • 죄로부터의 해방 • 언어적 표현 - 조동사 - 수동태 • 연습문제

아담과 하와의 원죄

■ 하나님의 말씀 왜곡

• 하나님의 말씀-에덴동산의 각종 나무의 실과는 임의로 먹되 동산 중앙에 있는 나무의 실과는 먹지 말라 먹는 날에는 정녕 죽으리라(창2:16-17)

And the Lord God commanded the man, "You are free to eat from any tree in the garden; but you must not eat from the tree of the knowledge of good and evil, for when you eat of it you <u>will</u> surely <u>die</u>."

• 사탄의 유혹-하나님이 참으로 너희에게 동산 모든 나무의 실과를 먹지 말라고 하시더냐(창3:1)

Seduction of the serpent: He said to the woman, "Did God really say, 'You <u>must</u> <u>not</u> <u>eat</u> from any tree in the garden?'"

• 하와의 대답-동산나무의 실과를 우리가 먹을 수 있으나 동산 중앙에 있는 나무의 실과는 하나님의 말씀에 너희는 먹지도 말고 만지지도 말라 너희가 죽을까 하노라(창3:2-3)

The woman said to the serpent, "We may eat fruit from the trees in the garden, but God did say, 'You <u>must</u> <u>not</u> <u>eat</u> fruit from the tree that is in the middle of the garden, and you <u>must</u> <u>not</u> touch it, or you <u>will die</u>.'"

■ 인간의 탐욕

- 여자가 선악을 알게 하는 나무의 실과를 본즉 먹음직하고 보암직하고 지혜롭게 할만큼 탐스럽게 보여 그 실과를 따먹고 아담에게도 주어 그도 먹었다(창3:6)
  When the woman saw that the fruit of the tree was good for food and pleasing to the eye, and also desirable for gaining wisdom, she took some and ate it. She also gave some to her husband, who was with her, and he ate it.

■ 인간의 책임회피

- "하나님이 나의 아내로 주신 여자가 실과를 내게 주므로 내가 먹었습니다 (창 3:12)."
  The man said, "The woman you put here with me-she gave me some fruit from the tree, and I ate it."
- "뱀이 나를 꾀므로 내가 먹었습니다(창 3:13)."
  The woman said, "The serpent deceived me, and I ate."

■ 죄의 원인

- 인간이 하나님의 말씀을 중히 여기지 아니하고 사탄의 소리에 귀를 기울여 하나님이 금하신 것을 바라보고 갈망하고 탐욕하여 하나님의 말씀에 불순종 한 것 이 죄의 근본이며(창 3:1-7)
- 그 밖에 욕심의 잉태 와 하나님보다 높아지려고 하는 교만(사 14:12 15) 등도 죄의 원인이다.

죄의 결과

■ 아담

- 능력상실(창 3:18)
  It will produce thorns and thistles for you, and you will eat the plants of the field.
- 부끄러움과 수치를 알게 됨(창 3:7)

Then the eyes of both of them were opened, and they realized they were naked; so they sewed fig leaves together and made coverings for themselves.

- 하나님의 낯을 피하고(창3:8) 두려운 마음이 생겼다(창 3:10)

  Then the man and his wife heard the sound of the LORD God as he was walking in the garden in the cool of the day, and they hid from the LORD God among the trees of the garden.

■ 뱀

- 모든 육축과 들의 모든 짐승보다 더욱 저주를 받아 배로 다니고 종신토록 흙을 먹고 살아야 하며(창3:14)

  So the LORD God said to the serpent, "Because you have done this," Cursed are you above all the livestock and all the wild animals! You will crawl on your belly and you will eat dust all the days of your life.

- 뱀과 여자는 원수가 되고 그 후손들도 서로 원수가 되며, 여자의 후손은 뱀의 머리를 상하게 하고 뱀은 여자의 발꿈치를 상하게 하였다(창 3:15).

  And I will put enmity between you and the woman, and between your offspring and hers; he will crush your head, and you will strike his heel."

■ 여자

- 잉태하는 고통이 크게 더하며 수고하여 자식을 낳을 것이며 남자를 사모하고 남자의 다스림을 받게 되었다(창3:16).

  To the woman he said, "I will greatly increase your pains in childbearing; with pain you will give birth to children. Your desire will be for your husband, and he will rule over you."

■ 남자

- 종신토록 수고하고 땀을 흘려야 땅의 소산을 먹고 필경은 흙으로 돌아가야 하며(창3:17-19)

By the sweat of your brow you will eat your food until you return to the ground, since from it you were taken; for dust you are and to dust you will return."

■ 땅

- 아담으로 인하여 저주를 받아 가시덤불과 엉겅퀴를 내며(창 3:17 18)

To Adam he said, "Because you listened to your wife and ate from the tree about which I commanded you, 'You must not eat of it,' "Cursed is the ground because of you; through painful toil you will eat of it all the days of your life.

It will produce thorns and thistles for you, and you will eat the plants of the field.

■ 인간

- 에덴동산에서 쫓겨나와 근본된 토지를 갈며 생명나무의 길에 들어 갈 수 없도록 차단되었고, 하나님은 에덴 동편에 그룹들과 화염검을 두어 생명나무의 길을 지키게 하였다(창3:23-24).
- 인간의 수명이 120세로 제한 되었다(창6:3)
- "나의 신이 영원히 사람과 함께 하지 아니하리니 이는 그들이 육체가 됨이라. 그러나 그들의 날은 120년이 되리라"

Then the LORD said, "My Spirit will not contend with man forever, for he is mortal; his days will be a hundred and twenty years."

- 하나님과 사람 사이의 교제가 단절되고 우리의 죄로 인하여 우리의 기도가 하나님께 상달되지 못하게 가로막히게 되었다(사59:1-3)
- 총명이 어두어지고 무지함과 마음의 굳어짐으로 하나님을 떠나 있게 되었고(엡4:18) 인간의 마음이 만물보다 거짓되고 부패하게 되어(렘17:9) 하나님의 살아 계심을 알면서도 하나님으로 영화롭게도 아니하고 감사치도 아니하며 오히려 그 생각이 허망하여져 미련한 마음이 어두워져(롬1:21) 오직 사람마다 자기의 죄로 죽게 되었다(왕하14:6, 겔18:24, 엡2:1)
- 하나님을 사랑하고 계명을 지키는 자에게는 천대까지 은혜를 베푸시나(출

20:6) 하나님을 미워하는 자의 죄는 아비로부터 아들에게로 3, 4대에까지 이르게 하시며(출20:5, 34:7) 자기 지위를 지키지 아니하고 자기 처소를 떠난 천사들까지도 심판 때까지 영원한 결박으로 흑암에 갇히게 하셨다(유1:6). 그러나 하나님의 벌하심은 우리의 죄보다는 가벼운 것이다(욥11:6).

▣ 무엇이 죄인가

- 예수님을 믿지 아니하는 것(요16:9)
- 독생자의 이름을 믿지 아니하는 것(요3:18)
- 하나님을 저주하는 것(레24:15)
- 십계명을 지키지 아니하는 것(출20:3-17, 요14:21, 마19:17)
- 선을 행할 줄 알고도 행하지 않는 것(약4:17)
- 믿음으로 좇아 하지 않는 모든 것(롬14:23)
- 기도하지 않는 것(삼상12:23)
- 육신의 소욕대로 행동하는 것(갈5:16-18)
- 우리의 지체를 불의의 병기로 드리는 것(롬6:13)
- 자신의 소견대로 행하면서 하나님의 말씀에 순종하지 않는 것(삿21:25, 삼상15:10-23)

▣ 죄로부터의 해방

- 우리의 죄를 자백하면 하나님은 미쁘사 우리의 죄를 용서하시고 모든 불의에서 우리를 깨끗하게 하시며(요일1:9) 회개할 때 우리의 죄가 주홍 같을지라도 눈과 같이 희어질 것이며 진홍같이 붉을지라도 양털같이 희게 되며(사1:18) 회개하고 예수 그리스도의 이름으로 세례를 받으면 죄 씻음과 성령을 선물로 받게 된다(행2:38, 22:16).
- 자기의 죄를 숨기는 자는 형통치 못하나 죄를 자복하고 버리는 자는 불쌍히 여김을 받아(잠28:13) 죄로부터 해방된다.

언어적 표현 - 조동사

must(당위, 추측) shall(단순미래, 의지) will(단순미래, 의지) + (not) 동사의 원형 can(능력, 허가) may(허가)
• You must not touch it, or you will die. • Shall we dance? • Can you speak English? • May I have your name?

언어적 표현 - 수동태

■ Be(시제) + 동사의 과거완료형

- The eyes of both of them were opened, and they realized they were naked.
- Cursed are you above all the livestock and all the wild animals.
- By the sweat of your brow you will eat your food until you return to the ground, since from it you were taken.

Quiz / Song

Q1. 관계 있는 것을 연결하시오(죄의 결과).

Ground	A. lost his power, shame
Adam	B. pains in childbearing
Serpent	C. produce thorns and thistles
Woman	D. sweat, return to dust
Man	E. curse, crawl, eat dust

Q2. 빈칸을 채워서 밑에 있는 문장을 완성하십시오.

You ______ not touch it, or you ______ die.

______ you speak English?

They realized they ______ naked.

You ______ cursed above the livestock and all the wild animals.

Q3. Further Activity

- 아담의 죄에 대해 정리해보기.
- 자신의 죄에 대해 정리해보기.

♫ Song

The Lord Is My Shepherd

The Lord is my Shepherd, I'll walk with Him alway.
He leads by still waters, I'll walk with Him alway.
Alway, alway I'll walk with Him alway.
Alway, alway I'll walk with Him alway.

2-2 노아시대의 홍수심판

학습목표	• 노아는 어떤 인물이며 홍수심판은 어떻게 일어났는지 알아보고 홍수심판을 통한 하나님의 뜻을 생각해 본다. • 언어적 표현을 정리한다. - 빈도부사 - 명사
수업개요	• 노아(Noah) • 홍수심판 • 노아의 방주 • 홍수심판의 진위성 • 언어적 표현 - 빈도부사 - 명사 • 연습문제

노아(Noah)

■ 노아는 아담의 10대손

- 아담-인류의 조상으로 130세에 셋을 낳았다(창4:24, 5:1-5)
- 셋-105세에 에노스를 낳았으며 아담이 아벨 대신에 얻은 아들로, 가인이 아담의 장자이었으나 동생 아벨을 죽인 죄로 인하여 3남인 셋이 영적인 장자권을 얻었다. 이 때 비로소 사람들이 여호와의 이름을 불렀다(창4:25-26, 5:6-8)
- 에노스-90세에 게난을 낳았다(창5:9-11)
- 게난-70세에 마랄랄렐을 낳았다(창5:12-14)
- 마할랄렐-65세에 야렛을 낳았다(창5:15-17)
- 야렛-162세에 에녹을 낳았다(창5:18-20)
- 에녹-65세에 므두셀라를 낳고 므두셀라를 낳은 후 300년간 하나님과 동행하였으며 하나님이 에녹을 데려가시므로 에녹은 세상에 있지 않았다(창5:21-24)
- 므두셀라-187세에 라멕을 낳았고 가장 오래 산 사람이며 그가 969세에 죽은 해에 홍수 심판이 있었다(창5:25-27). 므두셀라는 '창을 던지는 자'란 뜻이며 에녹이 므두셀라를 낳기 전에는 하나님과 동행하지 못했으나 저를 낳은 후부터 하나님과 동행했는데 이는 하나님이 에녹에게 '므두셀라가 죽으면 세상을 심판하시겠다'고 말씀하신 것으로 해석되고 있다(유1:14-15)

- 라멕-182세에 노아를 낳았다(창5:28-31)
- 노아-500세 이후 세 명의 아들(셈, 함, 야벳)을 낳았으며 600세에 홍수심판이 있었고 그후 35년을 살았다(창5:32, 9:28-29). 노아는 그 당시까지 경험하지 못했던 홍수심판에 대한 경고를 받고 하나님을 경외함으로 방주를 예비하여 그 가족과 함께 홍수심판을 면했다(히11:7).

홍수심판

홍수심판의 원인(6:1-12)

- 하나님의 아들들이 사람의 딸들의 아름다움을 보고 자기의 좋아하는 모든 자로 아내를 삼았다.
- 하나님은 구약시대에 신앙의 순수성을 보존하시기 위하여 잡혼을 금하셨다(출34:16)
- 온 땅과 혈육 있는 자의 행위가 패괴하고 강포가 땅에 충만하며 세상에 죄악이 관영하고 인간의 마음의 생각과 모든 계획이 항상 악함을 보신 하나님은 인간의 죄로 땅 위에 사람을 만드신 것을 후회하시고 마음에 근심하시며 사람을 지면에서 심판하되 육축과 기는 것과 공중의 새까지 심판하시기로 작정하셨다.

노아의 방주

- 세상에 사람의 죄가 가득차 하나님이 세상을 심판하려고 하실 때 노아는 하나님께 은혜를 입었다(창6:5-8)

  <u>Noah</u> found grace in the <u>eyes</u> of the Lord.

- 이 때 하나님은 의인이며 완전한 사람으로 자신과 동행하였던 노아에게 방주를 만들도록 지시하셨다(창6:9-14)
- 방주(the Ark 창6:15-16)

  This is how you are to build it: The <u>ark</u> is to be 450 feet long, 75 feet wide and 45 feet high. Make a <u>roof</u> for it and finish the ark to within 18 inches of the top. Put a <u>door</u> in the side of the ark and make lower, middle and upper <u>decks</u>.

- 방주에 들어가 심판을 면한 피조물(창6:18-7:5)
  - 노아와 세 아들 및 그들의 아내 모두 8명
  - 혈육있는 모든 생물의 암수 한 쌍

- 홍수심판(창7:6-8:19)
  - 노아가 방주건조를 완성하고 모든 생물을 방주에 들이도록 명령하시고 7일 후 홍수로 세상을 심판하셨다.
  - 비가 40주야 땅에 쏟아짐.

- 홍수심판 후 단을 쌓은 노아와 하나님의 언약(창 8:20-22)
  - "내가 다시는 사람으로 인하여 땅을 저주하지 않을 것이니 이는 사람이 마음에 계획하는 바가 어려서부터 악함이라. 내가 다시는 홍수로 모든 생물을 멸하지 않으리니 땅이 있을 동안에는 심음과 거둠과 추위와 더위와 여름과 겨울과 낮과 밤이 쉬지 아니하리라"

    "Never again will I curse the ground because of man, even though every inclination of his heart is evil from childhood. And never again will I destroy all living creatures, as I have done. "As long as the earth endures, seedtime and harvest, cold and heat, summer and winter, day and night will never cease."

- 홍수심판 후 노아의 가족에게 임한 복(창 9:1-17)
  - 생육하고 번성하여 땅에 충만하라. 땅의 모든 짐승과 공중의 모든 새와 땅에 기는 모든 것과 바다의 모든 고기가 너희를 두려워하며 무서워하리니 이들을 너희 손에 붙이었음이라.

    "Be fruitful and increase in number and fill the earth. The fear and dread of you will fall upon all the beasts of the earth and all the birds of the air, upon every creature that moves along the ground, and upon all the fish of the sea; they are given into your hands.

- 홍수심판 후 노아의 가족에게 임한 복(창 9:1-17)
  - 무릇 산 동물은 너희의 식물이 될지라 채소와 같이 내가 다 너희에게 먹을 음식으로 주노라. 그러나 그 생명 되는 피는 먹지 말라."

Everything that lives and moves will be food for you. Just as I gave you the green plants, I now give you every thing. "But you must not eat meat that has its lifeblood still in it.

홍수심판의 진위성

- 약 4,300-4,500년 전 있었던 사건.
- 노아의 가족 8명이 매년 0.46-0.47%씩 인구증가를 보이면 현재의 인구 약 60억 명 수준이 된다.
- 남 · 북극 및특정지역에서 발견되는 공룡의 화석 및 발자국, 기타 동 · 식물의 화석 등은 홍수심판과 같은 지구환경의 급격한 대격변이 있었을 경우에 가능하다.
- 선박(船舶): 큰 배, 즉 여덟 명(八)의 식구(口)가 배(舟)에 탄 것을 의미.

언어적 표현 - 빈도부사

주어	+	조동사 be have	always usually sometimes rarely never	+	일반 동사 보어 완료형

- Day and night will never cease.
- I always go to school on foot.
- Have you ever been to Jerusalem?
- She is sometimes right.

언어적 표현 - 명사

- 가산 명사: 보통명사, 집합명사

- Noah found grace in the eyes of the Lord.
- The fear and dread of you will fall upon all the beasts of the earth.
- All my family are early risers.

• 불가산 명사: 고유명사, 물질명사, 추상명사

▪ Noah found grace in the eyes of the Lord.

▪ Everything that lives and moves will be food for you.

▪ "But you must not eat meat that has its lifeblood still in it.

▪ The fear and dread of you will fall upon all the beasts of the earth.

Quiz / Song

Q1. 관계 있는 것을 연결하시오.

Number of Noah's family	A. 7
Raining period	B. 8
Period before raining	C. 40
Number of animals	D. a pair

Q2. 빈칸을 채워서 밑에 있는 문장을 완성하십시오.

Day and night will ________ cease.

Have you ________ been to Jerusalem?

I am ________ right.(항상)

Noah found ________ (은총) in the ________ (눈) of the Lord.

All my family ________ early risers.

Q3. Further Activity

1. 동물 사진과 영어 이름을 매치시키는 놀이.

2. 동물 사진과 울음소리를 내어보는 놀이.

♫ Song

Get in the Ark!

Rat a tat tat and a thump, thump, thump! Noah built a great big ark,

Rat a tat tat and a thump, thump, thump! For his family to embark.

Get in the ark, it's going to rain.
    * Here come the cows. "Moo, moo, moo."

Get in the ark, it's going to rain. Here come the animals two by two.
    * Here come the ducks: "Quack, quack, quack." "Moo, moo, moo."

Here come the pigs: "Oink, oink, oink." "Quack, quack, quack." etc.

Who Built the Ark?

Who built the ark? Noah! Noah!

Who built the ark? Brother Noah built the ark.

1. Old man Noah the ark,
   He built it out of the hickory bark.
   He built it long, both wide and tall
   With plenty of room for the large and small.

2. In came the animals, two by two.
   Hippotamus and Kangaroo.
   In came the animals, three by three.
   Two big cats and a bumblebee.
   Chorus

3. In came the animals, four by four,
   Two through the window and two through the door.
   In came the animals, five by five.
   The bees came swarming from the hive.
   Chorus

4. In came the animals, six by six,
   Elephant laughed at the monkey's tricks.
   In came the animals, seven by seven,

Giraffes and the camels looking up to heaven.
Chorus

5. In came the animals, eight by eight,
some on time and the others were late.
In came the animals, nine by nine,
Some were laughin' and some were cryin'
Chorus

6. In came the animals, ten by ten,
Time for the voyage to begin.
Noah said, "Go shut the door,
The rain's started fallin' and we can't take more."
Chorus

PART 03

3-1 아브라함

학습목표	• 아브라함은 어떤 인물이며 그를 통해 전달하고자 하는 하나님의 뜻을 생각해 본다. • 언어적 표현을 정리한다. - 수여동사 - 현재완료
수업개요	• 아브라함(Abraham) • 하나님의 명령과 약속 • 인간적인 연약함 • 아브라함의 믿음 • 아브라함의 부활신앙 • 언어적 표현 - 수여동사 - 현재완료 - 연습문제

▣ 아브라함(Abraham)

- 노아의 12대손.
- 셈의 후예.
- 데라의 세 아들(아브람, 나홀, 하란) 중 장남.
- 본래이름: 아브람
  - 고향: 갈데아 우르
  - 아비 '데라'가 가나안 땇으로 가는 도중 메소포타미나 '하안'에 머물 때 하나님은 아브라함을 불러 이스라엘의 조상으로 세우심.
  - 아들을 주시겠다는 하나님의 약속을 25년간 믿음으로 기다림.
- 부활신앙의 소유자
- 믿음의 조상

▣ 하나님의 명령과 약속

- 본토 친척 아비 집을 떠나 내가 네게 지시할 땅으로 가라(창 12:1-3)

  The LORD had said to Abram, "Leave your country, your people and your father's household and go to the land I will show you.

  "I will make you into a great nation and I will bless you; I will make your name great, and you will be a blessing.

I will bless those who bless you, and whoever curses you I will curse; and all peoples on earth will be blessed through you."

- 내가 이 땅을 네 자손에게 주리라(창 12:7)
- 여호와께서 아브람에게 나타나 이르시되 내가 이 땅을 네 자손에게 주리라 하신지라 자기에게 나타나신 여호와께 그가 그 곳에서 제단을 쌓고

The LORD appeared to Abram and said, "To your offspring I will give this land." So he built an altar there to the LORD, who had appeared to him.

- 눈을 들어 동서남북을 바라보라(창 13:14-18)
- 두려워 말라 나는 너의 큰 방패요 너의 지극히 큰 상급이라(창 15:1-3)
- 네 몸에서 태어날 자가 네 후사가 되리라(창 15:4-6)

Then the word of the LORD came to him: "This man will not be your heir, but a son coming from your own body will be your heir." He took him outside and said, "Look up at the heavens and count the stars--if indeed you can count them." Then he said to him, "So shall your offspring be."

- 이 땅을 네게 주어 업을 삼게 하리라(창 15:7-11)
- 네 자손이 이방에서 객이 되리라(창 15:12-21)
- 네 이름을 '아브라함'이라 하라(창 17:1-8)
- 아브람: 고귀한 아버지, 아브라함: 열국의 아버지

- 너와 네 후손은 내 언약을 지키라(창 17:9-14)
- 네 아내의 이름을 '사라'라 하라(창 17:15-16)
- 아들을 낳으리니 이름을 '이삭'이라 하라(창 17:17-22)
- 하나님께 능치 못한 일이 있겠느냐(창 18:1-15)
- 천하만민이 아브라함으로 인하여 복을 받을 것이니라(창 18:17-19)
- 소돔과 고모라의 죄악상을 확인하려 하노라(창 18:20-21)
- 이삭에게서 나는 자라야 네 씨라 칭할 것이라(창 21:8-12)
- 이스마엘도 네 아들이니 내가 그로 큰 민족을 이루게 하리라(창 22:3-21)

- 네 아들 이삭을 번제로 드리라(창 22:1-2)

  Some time later God tested Abraham. He said to him, "Abraham!" "Here I am," he replied. Then God said, "Take your son, your only son, Isaac, whom you love, and go to the region of Moriah. Sacrifice him there as a burnt offering on one of the mountains I will tell you about."

- 내가 이제야 네가 하나님을 경외하는 줄 아노라(창 22:3-17)

▣ 인간적인 연약함

- 애굽에서 아내를 누이라고 속임(창 12:10-20).
- 아들을 얻고자 인간적인 방법을 사용함(창 16:1-16).
- 그랄에서도 아내를 누이라 함(창 20:1-18)
- 나의 상속자는 다메섹 사람 엘리에셀임(창 15:2).
- 이스마엘이나 하나님 앞에서 살기를 원함(창 17:17-18).

▣ 아브라함의 믿음

- 순종하는 믿음(창 12:1-5, 창 21:8-21, 히 11:8)
- 양보하는 믿음(창 13:1-13)
- 친족을 사랑하는 믿음(창 14:1-16)
- 중보 기도하는 믿음(창 18:20-19:29)
- 단(altar)을 쌓는 믿음.
- 십일조를 드리는 믿음(창 14:17-20)
- 주님과 두 천사를 정성껏 대접하는 믿음(창 18:1-8)

▣ 아브라함의 부활신앙

- 하나님은 죽은 자를 살리시며 없는 것을 있는 것같이 부르시는 분(롬 4:17)으로 믿음.

  As it is written: "I have made you a father of many nations." He is our father in the sight of God, in whom he believed--the God who gives life to the dead and calls things that are not as though they were.

• 하나님이 이삭을 능히 죽은 자 가운데서 다시 살리실 것(히 11:19)으로 믿고 이삭을 기꺼이 번제로 드림.
Abraham reasoned that God could raise the dead, and figuratively speaking, he did receive Isaac back from death.

▣ 언어적 표현- 수여동사

				직접목적어
Give, offer, show		간접목적어		
				to 간접목적어
Vuy, cook, get	+		+	
				for 간접목적어
		직접목적어		
Ask, tell, accuse				
				of 간접목적어

- I will give this land to your offspring.
- I will show you the way.
- He will buy her a birthday present.
- He will buy a birthday present for her.
- Please ask me any questions!
- Will you ask any questions of me?

▣ 언어적 표현- 현재완료

have has	+	완료형

- I have made you a father of many nations. (완료)
- She has been to Rome. (경험)
- He has lived here all his life. (계속)
- The watch has broken. (결과)

Quiz / Song

Q1. 아브라함과 관계없는 것은?

A) 노아의 12대손

B) 셈의 후예

C) 데라의 세 아들 중 차남

D) 믿음의 조상

Q2. 아브라함의 인간적인 연약함이 아닌 것은?

A) 애굽에서 아내를 누이라고 속임.

B) 아들을 얻고자 인간적인 방법을 사용함.

C) 이스마엘이나 하나님 앞에서 살기를 원함.

D) 나의 상속자는 이삭임.

Q3. 아브라함의 믿음이 아닌 것은?

A) 순종하는 믿음

B) 양보하는 믿음

C) 친구를 사랑하는 믿음

D) 십일조를 드리는 믿음

Q4. 알맞은 단어를 넣으시오.

Where have you ________ to last summer?

I will give this land ________ our offspring.

He will buy a birthday present ________ her.

Will you ask any question ________ me?

♫ Song

Oh, How I Love Jesus

Oh, how I love Jesus, Oh, how I love Jesus,

Oh, how I love Jesus, Because He first loved me.

Father Abraham

1. Father Abraham had many sons,
   many sons had Father Abraham,
   I am one of them and so are you,
   so let's all praise the Lord. Right arm!
2. Father Abraham had many sons,
   many sons had Father Abraham,
   I am one of them and so are you,
   so let's all praise the Lord. Right arm! Left arm!
3. Father Abraham…
   Right arm!, left arm!, right foot!
4. …
   Right arm!, left arm!, right foot! left foot!
5. …
   Right arm!, left arm!, right foot! left foot! chin up!
6. …
   Right arm!, left arm!, right foot! left foot! chin up! turn around!
7. …
   Right arm!, left arm!, right foot! left foot! chin up! turn around! sit down!

3-2 이삭

학습목표
- 이삭은 어떤 인물이며 그를 통해 전달하고자 하는 하나님의 뜻을 생각해 본다.
- 언어적 표현을 정리한다. - 숙어 - 동등비교

수업개요
- 이삭(Isaac)
- 이삭의 믿음
  - 순종하는믿음
  - 기도하는 믿음
  - 양보하며 성실히 일하는 믿음
- 언어적 표현 - 숙어 - 동등비교
- 연습문제

이삭(Isaac)

- 아브라함이 하나님으로부터 75세에 약속을 받고 100세에 얻은 아들.
- 이삭: 웃음
- 이스라엘의 2대 족장
- 36세 때 어머니 사라가 죽은 후 40세 때 아버지 아브라함이 다메섹 사람 엘리에셀을 고향 땅에 보내어 그의 친족 리브가를 데려와 결혼함.
- 사냥꾼인 장남 에서, 조용한 성품의 차남 야곱을 둠.
- 180세에 별세.

이삭의 믿음

■ 순종하는 믿음

- 번제물이 되기까지 순종 (창 22:1-18).
- 아버지 아브라함이 하나님으로부터 아들 이삭을 모리아산에서 전제로 드리라는 명령을 받고 이삭을 번제로 드리려 할 때, 이삭이 젊기 때문에 연로한 부모에게 반항할 수 있었으나, 부친 아브라함으로부터 하나님의 능력과 그의 부활신앙에 대한 믿음으로 순종함.
- 구약성경에 기록된 믿음의 사람 중 많은 복을 받고 순탄하게 삶.

- 어려운 환경 속에서도 순종(창 26:1-22)

▪ 그랄에 있을 때에 흉년이 들어 애굽으로 가고자 하였으나 하나님 말씀을 듣고 그랄에 머물렀음.

▪ "애굽에 내려가지 말고 그랄에 거하거라. 이 땅에 머물러 있으면 내가 네게 복을 주고 이 모든 땅을 너와 네 후손에게 주며 네 자손을 하늘의 별과 같이 번성케 하고 네 자손으로 인하여 천하만민이 복을 받게 하리라."

▪ 블레셋왕 아비멜렉의 보호를 받았으며 그 해에 농사하여 백배의 수확을 얻어 창대하고 왕성하여 거부가 됨.

● 어려운 환경 속에서도 순종(창 26:1-22)

The LORD <u>appeared to</u> Isaac and said, "Do not go down to Egypt; live in the land where I tell you to live.

Stay in this land <u>for a while</u>, and I will <u>be with you</u> and will bless you. For to you and your descendants I will give all these lands and will confirm the oath I <u>swore to</u> your father Abraham.

I will make your descendants <u>as</u> numerous <u>as</u> the stars <u>in the sky</u> and will give them all these lands, and through your offspring all nations <u>on earth</u> will be blessed,

● 하나님 뜻에 따라 야곱에게 장자권을 승계함(창 27:1-28:5)

▪ 죽음이 임박한 것을 알고 장자인 에서에게 장자권을 승계하고자 함.

▪ 야곱에게 장자권을 승계하는 것이 하나님의 뜻임을 발견한 이삭은 야곱을 불러 축복하고 조부 브두엘의 집에 가서 아내를 얻도록 함.

▪ "하나님께서 하늘의 이슬, 땅의 기름짐, 풍성한 곡식 및 포도주로 네게 복 주시기를 원하며, 만민이 너를 섬기며 네게 굴복하며 네가 형제들의 주가 되며 네게 축복하는 자를 축복하며 네게 저주하는 자는 저주 받기를 원하노라."

▪ 하나님 뜻에 따라 야곱에게 장자권을 승계함(창 27:1-28:5)

May God give you of heaven's dew and of earth's richness--an abundance <u>of</u> grain and new wine.

May nations serve you and peoples <u>bow down to</u> you. Be lord over your brothers, and may the sons of your mother bow down to you. May those who curse you be cursed and those who bless you be blessed(창 27:28-29).

■ 기도하는 믿음(창 25:21-26)

- 이삭은 결혼한지 20년이 지나도록 아내가 잉태하지 못하자 하나님을 의지하고 아내를 위하여 기도하였고, 하나님의 응답으로 60세에 쌍둥이 아들(에서와 야곱)을 얻음.

■ 양보하며 성실히 일하는 믿음(창 26:16-35)

- 이삭이 그랄에서 하나님의 복을 받아 거부가 되자 블레셋 사람들이 시기하여 이삭의 우물을 막고 흙으로 메워 그랄 골자기에 장막을 치고 샘 근원(에섹-다툼)을 얻었으나 그랄 목자들이 시기하여 다른 곳으로 옮겨갔음.
- 다른 곳에서 다시 우물(싯나-대적함)을 팠으나 다투게 되자 또다시 다른 곳으로 옮겼으며 거기서는 다투지 아니하여 그 샘의 이름을 르호봇(장소가 넓다)이라고 함.

언어적 표현- 숙어

Appear <u>to</u> ~	~에게 나타나다.
<u>For</u> a while	당분간
Be <u>with</u> you	너와 함께 하다.
Swear <u>to</u> ~	~에게 맹세하다.
<u>In</u> the sky	하늘에서
<u>On</u> Earth	땅위에서
Abundance <u>of</u> grain	곡식의 풍성함.
Bow <u>down</u> to	~에게 굴복하다.

언어적 표현- 동등비교

as 형용사 as
▪ I will make your descendants <u>as</u> numerous <u>as</u> the stars in the sky ▪ I am <u>as</u> tall <u>as</u> my sister. ▪ Tom is <u>as</u> old <u>as</u> Bill. ▪ It is just <u>as</u> hot today <u>as</u> it was yesterday.

Quiz / Song

Q1. 이삭과 관계없는 것은?

A) 이스라엘의 3대 족장

B) 리브가와 결혼

C) 두아들 에서와 야곱을 둠

D) 180세에 별세

Q2. 이삭이 태어났을 때 아브라함의 나이는?

A) 75세

B) 100세

C) 180세

D) 200세

Q3. 이삭의 믿음에 해당하지 않는 것은?

A) 부활신앙의 믿음

B) 순종하는 믿음

C) 기도하는 믿음

D) 양보하며 성실히 일하는 믿음

Q4. 다음 빈칸에 알맞은 단어를 넣으시오. (전치사)

The Loord appeared ______ Isaac.

Stay in this land ______ a while.

I will be ______ you.

I swore ______ your father Abraham.

I will make your descendants as numerous ______ the stars in the sky.

May God give you an abundance ______ grain.

Peoples bow ______ to you.

Q5. Futher Activity

- 형용사가 적혀 있는 카드를 선택하게 하여 동등비교의 문장 만들기.

♫ Song

Jesus Loves the Little Children

Jesus loves the little children,

All the children of the world;

Red, brown, yellow, black, and white,

All are precious in his sight:

Jesus died for all the children of the world.

PART 04

4-1강 야곱

4-2강 요셉

4-1 야곱

학습목표	• 야곱은 어떤 인물이며 그를 통해 전달하고자 하는 하나님의 뜻을 생각해 본다. • 언어적 표현을 정리한다. - 접속사 - 분수
수업개요	• 야곱(Jacob) • 야곱의 아들 • 벧엘에서 하나님을 만남 • 외삼촌 라반의 집에서 가정을 이룸 • 야곱의 이름을 바꾸심 • 형 에서와의 화해 • 엘 벧엘의 하나님 • 언어적 표현 • 연습문제

야곱(Jacob)

- 아브라함의 손자이자 이삭의 아들.
- 이스라엘 3대 족장.
  - 이삭과 리브가사이에 아이가 없자 하나님께 기도하여 얻은 아들.
  - 쌍둥이(에서와 야곱)로 태어남.
  - 발꿈치를 잡음.

- 조용한 성품으로 장막에 거하여 어머니의 사랑을 받았으며 형 에서는 사냥한 고기로 아버지를 대접하므로 아버지의 사랑을 받음(창 25:27-28).
- 형 에서가 들에서 사냥하고 돌아와 심히 곤비할 때 그에게 떡과 팥죽을 주고 장자권을 샀는데(창 25:29-34) 성경은 장자권을 경홀히 여긴 에서의 행동을 망령된 행동이라 기록하고 있으며 (히 12:16)에서는 하나님의 미움을 받아 버림을 받음(말1:2-3, 롬 9:13).
- 이삭이 나이가 많아지자 죽기 전에 에서가 사냥한 고기로 배불리 먹고 저를 축복하여 에서에게 장자권을 승계하려고 하였는데 어머니 리브가가 야곱에게 형 에서로 가장하여 아버지 이삭으로부터 축복기도를 받게 하여 야곱은 차남이지만 장자권을 승계함(창 27:1-28:5).
- 에서의 분노를 피해 외삼촌 라반의 집에서 20년간 살며 아내를 얻기 위하여

열심히 일을 함.

- 고향을 떠나 20년간 사랑하는 부모와 헤어지는 아픔을 겪었지만 '하늘나라의 장자들의 총회(히 12:23)'에 들어가는 장자권을 얻었으며, 12명의 아들을 낳아 이스라엘의 12지파를 이루고 이들을 축복한 후 147세에 죽었다(창 29:31-30:24, 창 49장)

야곱의 아들

아내이름	순서		이름의 뜻
레아	1	르우벤	여호와께서 나의 괴로움을 권고함
	2	시므온	여호와께서 나의 자식이 없음을 들으심
	3	레위	내 남편이 이제 나와 연합하리
	4	유다	여호와를 찬송하리로다
	9	잇사갈	값, 보상 받음.
	10	스불론	이제는 남편이 나와 함께 살리라
실바	7	갓	복됨
	8	아셀	기쁨
라헬	11	요셉	여호와께서 다른 아들을 더하시기를 원하노라
	12	베냐민	오른손의 아들
빌하	5	단	하나님이 내 억울함을 푸심
	6	납달리	형과 크게 경쟁하여 이김

벧엘에서 하나님을 만남

- 장남 에서가 분노하여 동생 야곱을 죽이려하자 야곱을 불러 축복하심.
- 하나님이 네게 복을 주어 너로 생육하고 번성케 하여 여러 족속을 이루게 하시고 아브라함에게 주신 복을 네게 주어 가나안 땅을 유업으로 받게 하시기를 원하노라(창 28:3-4).

  "May God Almighty bless you <u>and</u> make you fruitful <u>and</u> increase your numbers <u>until</u> you become a community of peoples. May he give you <u>and</u> your descendants the blessing given to Abraham, so that you may take possession of the land where you now live as an alien, the land God gave to Abraham."

▣ 벧엘에서 하나님을 만남

• 브엘세바를 떠나 하란으로 가는 중 잠들어 꿈을 꾸었을 때(창 15:4-6)

▪ 나는 여호와니 아브라함의 하나님, 이삭의 하나님이라 너 주운 땅을 너와 제 자손에게 주리라. 네 자손이 땅의 티끌같이 되어서 동서남북에 편만할지며 땅의 모든 족속이 너와 네 자손으로 인하여 복을 얻으리라. 내가 너와 함께 있어 네가 어디를 가든지 너를 지키며 너를 이끌어 이 땅으로 돌아오게 할 것이라.

"I am the LORD, the God of your father Abraham <u>and</u> the God of Isaac. I will give you <u>and</u> your descendants the land on which you are lying. Your descendants will be like the dust of the earth, <u>and</u> you will spread out to the west <u>and</u> to the east, to the north and to the south. All peoples on earth will be blessed through you <u>and</u> your offspring. I am with you and will watch over you wherever you go, <u>and</u> I will bring you back to this land. I will not leave you <u>until</u> I have done what I have promised you.

• 야곱이 잠에서 깨어나 서원기도 드림(창 28:20-22).

▪ 하나님이 나와 함께 계셔서 내가 가는 이 길에서 나를 지키시고 먹을 양식과 입을 옷을 주어 나로 평안히 아비 집에 돌아가게 하시면 여호와께서 나의 하나님이 되실 것이요 제가 기둥으로 세운 이 돌이 하나님의 전이 될 것이며 하나님이 내게 주신 것에서 십일조를 드리겠습니다.

"If God will be with me <u>and</u> will watch over me on this journey I am taking <u>and</u> will give me food to eat <u>and</u> clothes to wear so that I return safely to my father's house, then the LORD will be my God <u>and</u> this stone that I have set up as a pillar will be God's house, <u>and</u> of all that you give me I will give you <u>a tenth</u>."

▣ 외삼촌 라반의 집에서 가정을 이룸

• 외삼촌 라반의 집에 머물 때 그의 둘째 딸 라헬을 사랑하여 아내로 얻기 위해 7년을 일함(창 29:1-20).

- 그곳의 풍습에 따라 첫째 딸 레아를 아내로 맞게 되고 결혼 후 둘째딸 라헬을 아내로 맞고 7년간 더 봉사함(창 29:21-30).
- 하나님이 야곱으로 인하여 라반의 집에 복을 주시므로 저의 집이 번성하여 라반의 소유가 떼를 이루었으며 야곱도 양 떼와 노비와 약대와 나귀가 풍부하게 됨(창 30:25-43)
- 야곱은 힘을 다하여 라반을 섬기고 인내하자 하나님이 야곱과 함께 하셔서 야곱은 큰 부를 이룸(창 31:1-42)

▣ 야곱의 이름을 바꾸심

- 형 에서에게 준비한 예물을 보냄.
- 두 아내와 두 여종과 11명의 아들을 인도하여 얍복 강을 건널 때 모두 건너 보내고 홀로 남아 어떤 사람과 날이 새도록 씨름을 하였으나 그가 야곱을 이기지 못하자 그의 환도뼈를 쳐서 야곱의 엉덩이 뼈가 위골됨(창 32:21-25).
- 날이 밝자 그 사람이 하늘로 올라가고자 하였으나 야곱이 "나를 축복하지 아니하면 가게 하지 않겠다"고 대답함(창 32:26).

  Then the man said, "Let me go, for it is daybreak." But Jacob replied, "I will not let you go unless you bless me."

- 그 사람이 야곱의 이름을 물은 후 "다시는 야곱이라 하지 말고 이스라엘이라 하라 이는 네가 하나님과 겨루어 이기었음이라"고 말하며 야곱을 축복함(창 32:27-29).

  The man asked him, "What is your name?" "Jacob," he answered. Then the man said, "Your name will no longer be Jacob, but Israel, because you have struggled with God and with men and have overcome." Jacob said, "Please tell me your name." But he replied, "Why do you ask my name?" Then he blessed him there.

▣ 형 에서와의 화해

- 형 에서가 야곱에게 오는 것을 보고 형에게 나아가 7번 땅에 굽히며 절하자

에서도 달려와 야곱을 안고 입을 맞추고 울며 형제간 사랑을 나누며 20년 전 있었던 미움과 두려움을 떨치고 화해함(창 33:1-4).

- 야곱은 자기의 아내와 자식들을 형에게 소개하고 준비한 예물을 주었으나 형이 자기의 소유도 넉넉하므로 받지 않으려 함(창 33:5-9).
- 야곱이 형에게 "내가 형님을 만난 즉 하나님의 얼굴을 본 것 같사오니 이 예물을 받아달라"고 강권하므로 에서는 이를 받고 세일로 돌아감(창 33:10-16).

엘 벧엘의 하나님

- "일어나 벧엘로 올라가서 거기서 살며 에서의 낯을 피하여 도망하던 때에 나타났던 하나님께 단을 쌓으라(창 35:1)"
  Then God said to Jacob, "Go up to Bethel <u>and</u> settle there, <u>and</u> build an altar there to God, who appeared to you <u>when</u> you were fleeing from your brother Esau."
- 야곱은 벧엘에 이르러 단을 쌓고 그곳을 엘 벧엘이라 부름.
- "다시는 네 이름을 야곱이라 하지 말고 이스라엘이라 하며 생육하고 번성하라 국민과 많은 국민이 네게서 나고 왕들이 네 허리에서 나오리라. 아브라함과 이삭에게 준 땅을 너와 네 후손에게 주리라(창 35:15)"

언어적 표현- 접속사

등위접속사 and, but, so, or, nor
종속접속사 because, till, unless, as, when

- May God Almighty bless you <u>and</u> make you fruitful <u>and</u> increase your numbers <u>until</u> you become a community of peoples.
- Jacob said, "Please tell me your name." <u>But</u> he replied, "Why do you ask my name?"
- I will not let you go <u>unless</u> you bless me.
- Your name will no longer be Jacob, <u>but</u> Israel, <u>because</u> you have struggled with God <u>and</u> with men <u>and</u> have overcome.
- I will not leave you <u>until</u> I have done what I have promised you.

▣ 언어적 표현- 분수

형식 　 기수/서수

- 1/10 = one tenth
- 1/3 = one third
- 3/5 = three fifth
- Of all that you give me I will give you a tenth

Quiz / Song

Q1. 이름과 뜻을 연결하시오.

Reuben	A. 값, 보상 받음.
Simeon	B. 이제는 남편이 나와 함께 살리라
Levi	C. 여호와께서 나의 괴로움을 권고함
Judah	D. 여호와께서 나의 자식이 없음을 들으심
Issachar	E. 내 남편이 이제 나와 연합하리라
Zebulun	F. 여호와를 찬송하리로다

Q2. 이름과 뜻을 연결하시오.

Gad	A. 형과 크게 경쟁하여 이김
Asher	B. 하나님이 내 억울함을 푸심
Joseph	C. 오른손의 아들
Benjamin	D. 여호와께서 다른 아들을 더하시기를 원하노라
Dan	E. 기쁨
Naphtali	F. 복됨

Q3. 빈칸을 채워서 밑에 있는 문장을 완성하십시오.(접속사)

May God Almighty bless you ________ make you fruitful.

I will not leave you ________ I have done what I have promised you.

I weill not let you go ________ you bless me.

Of all that you give me I will gove you a ________.

♫ Song

Books Of The Old Testament

Genesis, Exodus, Leviticus, Numbers, Deuteronomy,

Joshua, Judges, Ruth, First and Second Samuel,

First Kings, Second Kings, First and Second Chronicles,

Ezra, Nehemiah, Esther, Job, Psalms, Proverbs,

Ecclesiastes, Song of Solomon, Isaiah, Jeremiah,

Lamentations, Ezekiel, Daniel, Hosea, Joel,

Amos, Obadiah, Jonah, Micah, Nahum, Habakkuk,

Zephaniah, Haggai, Zechariah, and the last book Malachi.

4-2 요셉

학습목표	• 요셉은 어떤 인물이며 그를 통해 전달하고자 하는 하나님의 뜻을 생각해 본다. • 언어적 표현을 정리한다. - 과거진행 - 시제일치
수업개요	• 요셉(Joseph) • 요셉의 꿈과 첫 번째 시련 • 요셉과 함께 하시는 하나님 • 요셉의 두 번째 시련 • 총리에 오르는 요셉 • 요셉과 그의 형제들 • 요셉의 믿음 • 언어적 표현 • 연습문제

▣ 요셉(Joseph)

- 야곱의 아내 라헬로부터 노년에 얻은 11번째 아들.
- 하란에서 출생.
- 야곱이 다른 아들들보다 특별히 사랑하여 채색 옷을 입혀 형제들의 미움을 받음(창 37:3-4)
- 다른 아들을 내게 더하시기를 원한다는 뜻(창 30:22-24).
- 애굽의 노예로 팔려가 13년간 연단을 받은 후 애굽의 총리가 되었으며 아내 아스낫으로부터 두 아들 므낫세(망각)와 에브라임(창성)을 낳음.
- 이스라엘의 12지파 중 2지파를 이룸.

▣ 요셉의 꿈과 첫 번째 시련

■ 요셉은 꿈 이야기를 하여 형제들에게 더욱 미움을 받게 됨(창 37:5-11)

- 곡식을 묶을 때 내 곡식 단은 일어서고 형들의 단은 내 단을 둘러서서 절하더이다.

  "Listen to this dream I had: We were binding sheaves of grain out in the field when suddenly my sheaf rose and stood upright, while your sheaves gathered around mine and bowed down to it."

- 해(아버지)와 달(어머니)과 11개의 별(형제들)이 내게 절 하더이다.

  "Listen," he said, "I had another dream, and this time the sun and moon and eleven stars were bowing down to me."

▣ 요셉의 꿈과 첫 번째 시련

- 야곱은 요셉의 꿈 내용을 꾸짖었으나 마음에 새김(창 37:11)
- 아버지 이삭의 편애와 그의 꿈으로 형제들의 미움을 받아 애굽에 노예로 팔려감(창 37:12-36).
- 이스마엘 사람들은 요셉을 애굽으로 데리고 가서 왕의 신하 보디발에게 팔았는데 이때 요셉의 나이는 17세임(창 37:2, 36)

▣ 요셉과 함께 하시는 하나님

■ 창 39:1-6

- 여호와께서 요셉과 함께 하시므로 요셉은 형통한 자가 됨.
- 보디발도 여호와께서 요셉과 함께 하심과 그의 범사에 형통케 하심을 보고 요셉을 가정총무로 삼고 자기 소유를 다 요셉에게 위임하고 자기 음식 이외에는 간섭하지 않음.
- 하나님은 요셉을 위하여 보디발의 집에 복을 내리시므로 여호와의 복이 그의 집과 밭에 있는 모든 소유에 넘침.

▣ 요셉의 두 번째 시련

■ 창 39:6-23

- 요셉은 용모가 준수하고 아담하여 보디발의 아내가 유혹함.
- 보디발의 은혜와 여호와 앞에서 큰 죄를 범할 수 없다고 말하며 유혹을 물리침.
- 보디발의 아내는 요셉을 모함하여 왕의 죄수들이 갇히는 감옥에 갇히게 됨.
- 여호와께서 감옥에 있는 요셉과 함께 하시며 인자를 더하시므로 요셉은 전옥(the keeper of the prison)의 은혜를 입어 전옥이 옥중의 죄수를 모두 요셉의 손에 맡기게 되어 옥중의 모든 사무를 처리하게 됨.

▩ 총리에 오르는 요셉

■ 요셉의 바로의 신하 꿈 해석(창 40:1-23).

● 술 맡은 관원장의 꿈

▪ 앞에 포도나무가 있는데 그 나무에 세 가지가 있고 싹이 나서 꽃이 피고 포도송이가 익었고 내 손에 바로의 잔이 있어 내가 포도를 따서 그 즙을 바로의 잔에 짜서 그 잔을 바로에게 드림.

In my dream I saw a vine in front of me, and on the vine were three branches. As soon as it budded, it blossomed, and its clusters ripened into grapes. Pharaoh's cup was in my hand, and I took the grapes, squeezed them into Pharaoh's cup and put the cup in his hand."

▪ 해석: 3일 후에 복직하여 바로 왕의 생일에 그에게 잔을 올릴 것임.

● 떡 굽는 관원장의 꿈

▪ 흰떡 세 광주리가 내 머리에 있고 그 윗 광주리에 바로 왕을 위하여 만든 각종 구운 식물이 있는데 새들이 이를 먹음.

"I too had a dream: On my head were three baskets of bread.In the top basket were all kinds of baked goods for Pharaoh, but the birds were eating them out of the basket on my head."

▪ 해석: 3일 후에 매여 달려 죽을 것임.

● 바로 왕의 꿈(창 41:1-8).

▪ 자신이 하숫가에 섰는데 아름답고 살찐 일곱 암소가 갈밭에서 뜯어먹고 그 뒤에 흉악하고 파리한 다른 암소가 하수에서 올라와 아름답고 살찐 일곱 암소를 잡아먹음을 보고 놀라 꿈을 깸.

▪ 한 줄기에 무성하고 충실한 일곱 이삭이 나오고 그 후에 다시 약하고 동풍에 마른 이삭이 나오더니 무성하고 충실한 일곱 이삭을 삼키는 꿈을 꿈.

▪ 꿈을 설명하고 해석하라 하였으나 아무도 이를 해석하지 못함

He was standing by the Nile, when out of the river there came up seven cows, sleek and fat, and they grazed among the reeds. After them, seven other cows, ugly and gaunt, came up out of the Nile and stood beside those on the riverbank. And the cows that were ugly and gaunt ate up the seven sleek, fat cows.

Seven heads of grain, healthy and good, were growing on a single stalk. After them, seven other heads of grain sprouted -thin and scorched by the east wind. The thin heads of grain swallowed up the seven healthy, full heads.

▪ 해석

-온 애굽에 7년간 풍년이 든 후 7년간 흉년이 들 것인데 흉년이 얼마나 극심한지 이전의 7년 풍년을 잊어버리게 되므로 명철하고 지혜있는 사람을 택하여 애굽 땅을 다스리게 하여 풍년기간의 수확 중에 1/5을 거두어 창고에 들인 후 흉년기간을 대비하라.

-요셉을 애굽의 총리로 세우고 제사장 보디베라의 딸 아스낫을 아내로 삼게 하였음.

-요셉의 나이 30세

▒ 요셉과 그의 형제들

■ 7년 풍년과 7년 흉년(창 41:46-49).

- 요셉이 총리에 오른 후 애굽에 7년간 풍년이 들었으며 그가 애굽 온 땅을 순찰하며 곡물을 거두어 각 성에 저축하였는데 곡식의 양이 바다의 모래처럼 심히 많아 셀 수가 없었음.

■ 요셉과 형제들의 첫 대면(창 41:53-42:28)

- "너희는 정탐꾼이라 너희의 진실을 밝히려면 너희 형제 중 막내를 데려 오라"

■ 곡식을 구하고 돌아온 요셉의 형제와 아비 야곱(창 42:29-43:14)

- 전능하신 하나님께서 그 사람 앞에서 너희에게 은혜를 베풀어 다른 형제와 베냐민을 돌려보내게 하시기 원하노라 내가 자식을 잃으면 잃으리라"

■ 요셉과 형제들의 2차 대면(창 43:15-34).

- 형들의 믿음을 시험함(창 44:1-45:15)

▪ "은잔이 발견된 베냐민은 나의 종이 되고 너희는 곡물을 가지고 돌아가라"

▪ 형제들의 회개와 진실을 확인한 요셉은 아버지 야곱의 안부를 물으며 자신을 알림.

- 아버지 이스라엘을 애굽의 고센 땅에 모심(창 45:16-46:27)
- "나는 하나님이라, 네 아비의 하나님이니 애굽에 내려가는 것을 두려워 말라. 내가 너로 큰 민족을 이루게 하리라 내가 너와 함께 애굽에 내려가겠고 정녕 너를 인도하여 다시 올라올 것이며 요셉이 네 눈을 감기리라."

요셉의 믿음

- "두려워 마소서 내가 하나님을 대신하리이까. 당신들은 나를 해하려 하였으나 하나님은 이를 선으로 바꾸어 오늘과 같이 만민의 생명을 구원하시려 하셨으니 두려워 마소서. 내가 형들의 자녀를 기르겠습니다(창 50:19-21)."
- "땅에서 인도하여 아브라함과 이삭과 야곱에게 맹세하신 땅에 이르게 하시리니 너희는 나를 메고 올라 가겠다(창 50:24-25)."
- "I am about to die. But God will surely come to your aid and take you up out of this land to the land he promised on oath to Abraham, Isaac and Jacob."
- "God will surely come to your aid, and then you must carry my bones up from this place."

언어적 표현- 과거진행

I, s/he You, we, they	was were	+	동사 ing
· We were binding sheaves of grain out in the field when suddenly my sheaf rose and stood upright. · He was standing by the Nile, when out of the river there came up seven cows, sleek and fat, and they grazed among the reeds.			

언어적 표현- 시제일치

S+V(과거 진행형, 과거) (현재) (미래)	접속사 S+V(과거) (현재)
· In my dream I saw a vine in front of me, andon the vine were three branches. · We were binding sheaves of grain out in the field when suddenly my sheaf rose and stood upright. · He was standing by the Nile, when out of the river there came up seven cows, sleek and fat, and they grazed among the reeds. · God will surely come to your aid and take you up.	

Quiz / Song

Q1. 이름과 해당하는 꿈을 연결하시오.

the cupbearer	A. 3일 후에 매여 달려 죽을 것임.
the baker	B. 3일 후에 복직하여 바로 왕의 생일에 그에게 잔을 올릴 것임.
Joseph	C. 7년간 풍년과 7년간 흉년
Pharaoh	D. 해와 달과 11개의 별이 내게 절하더이다.

Q2. 빈칸을 채워서 밑에 있는 문장을 완성하십시오. (시제일치)

- God will surely come to your aid and ________ (take) you up.
- In my dream I ________ (see) a vine in front of me, and on the vine were three branches.
- We were binding sheaves of grain out in the field suddenly my sheaf ________ (rise) and ________ (stand) upright.
- He ________ (be) standing by the Nile, ________ when out of the river there ________ (come) up seven cows

♫ Song

Books Of The New Testament

Matthew, Mark, Luke and John, Acts and the letter to the Romans,

First and Second Corinthians, Galatians and Ephesians, Philippians,

Colossians, First and Second Thessalonians, First and Second Timothy,

Titus and Philemon, Hebrews and the book of James,

First and Second peter, First and Second, Third John, Jude and Revelation.

PART 05

5-1 모세

학습목표
- 모세는 어떤 인물이며 그를 통해 전달하고자 하는 하나님의 뜻을 생각해 본다.
- 언어적 표현을 정리한다. - 숙어 - 우등비교

수업개요
- 모세(Moses)
- 이스라엘 백성의 기도에 대한 하나님의 응답
- 하나님께서 모세를 부르심
- 애굽에 내린 10가지 재앙
- 유월절
- 출애굽
- 시내산에서의 계시
- 하나님의 사랑
- 언어적 표현
- 연습문제

모세(Moses)

■ 배경

- 애굽 왕은 아이가 태어날 때 남자면 죽이고 여자면 살리도록 명하였으나 산파들은 하나님을 두려워하여 명을 어기고 남자아이를 살림(출 1:15-17).

■ 출생

- 레위 족속으로 아므람과 요게벳 사이에서 둘째 아들로 태어남(출 6:20).
- 어머니 요게벳이 3개월을 숨긴 후 더 숨길 수 없어 상자에 아이를 담아 하수가 갈대사이에 둠(출 2:2-3).
- 바로의 딸이 아이를 발견하고 모세(물에서 건져내었음)라 이름 짓고 자기의 아들로 삼음(출 2:10).
- 모세의 누이의 지혜로 그의 생모 요게벳이 모세의 유모가 됨(출 2:4-9).

■ 성장

- 애굽 사람의 학술을 다 배워 그 말과 행사가 능하게 됨(행 7:22).
- 40세 때에 이스라엘 형제가 애굽 사람에게 맞는 것을 보고 애굽 사람을 쳐 죽임(출 2:11-12).

- 바로왕을 피해 미디안 광야로 도망가 르우엘(이드로) 제사장을 만남.
- 딸 십보라와 결혼한 후 아들을 낳아 이름을 게르솜 (타국에서 객이 됨)이라 지음(출 2:15-22).

■ 일생

- 자만의 시기(출생-40세): 애굽 궁중에서 애굽의학문과 무예를 배움.
- 자아발견의 시기(40세-80세): 미디안 광야에서의 목자 생활.
- 온유와 겸손의 삶(80세-120세): 이스라엘의 지도자로 쓰임을 받음.

이스라엘 백성의 기도에 대한 하나님의 응답(출 2:23-25)

- 이스라엘 자손이 노예생활로 인한 고역으로 탄식하며 하나님께 기도함.
- 아브라함과 이삭과 야곱에게 세운 언약을 기억함.
- 하나님은 아브라함에게 4세대 즉 4백년 만에 가나안 땅으로 돌아오게 하리라 약속함(창 15:13-14).
- 이스라엘 백성을 기억하심.

하나님께서 모세를 부르심

■ 모세가 장인 이드로의 양을 치며 하나님의 산 호렙에 올라갔을 때(출 3:1-10)

- 모세야 이리로 가까이 오지 말라. 네가 선 곳은 거룩한 땅이니 네 발에서 신을 벗으라.

  "Moses! Moses! Do not come any closer. Take off your sandals, for the place where you are standing is holy ground."

- 나는 네 조상 아브라함과 이삭과 야곱의 하나님이라.

  "I am the God of your father, the God of Abraham, the God of Isaac and the God of Jacob."

- 애굽에 있는 내 백성의 고통을 정녕히 보고 그들이 그 간역자로 인하여 부르짖고 있음을 듣고 그 우고를 알고 내가 내려가서 그들을 애굽에서 건져내어 아름답고 광대한 땅, 젖과 꿀이 흐르는 가나안 땅에 이르려 하노라.

  "I have indeed seen the misery of my people in Egypt. I have heard them <u>crying out</u> because <u>of</u> their slave drivers, and I <u>am concerned about</u> their suffering. So I have <u>come down</u> to <u>rescue</u> them <u>from</u> the hand of the Egyptians and to bring them up out of that land into a good and spacious land, a land flowing with milk and honey--the home of the Canaanites, ⋯.

- 내가 너로 바로 왕에게 보내어 너로 내 백성 이스라엘 자손을 애굽에서 인도하여 내게 하리라.
  So now, go. I am sending you to Pharaoh to bring my people the Israelites <u>out of</u> Egypt."

▣ 애굽에 내린 10가지 재앙

- 모세가 하나님의 말을 이행하는 것을 두려워 하자 "내가 정녕 너와 함께 있으리라" 하셨고 말에 능한 아론을 준비하셔서 "내가 네 입과 함께 있어 할 말을 가르치리라"는 말씀으로 이스라엘의 지도자가 되게 하심.
- 바로왕이 이스라엘 백성을 떠나게 하지 않자 내린 재앙

▪ 피(출5:1-12:36)
▪ 개구리(출 8:1-15)
▪ 이(출 8:16-19)
▪ 파리(출 8:20-32)
▪ 가축 전염병(출9:1-7)
▪ 독종(출 9:8-12)
▪ 우박과 불(출 9:1-7)
▪ 독종(출 9:8-12)
▪ 우박과 불(출 9:13-25)
▪ 메뚜기(출 10:1-20)
▪ 어두움(출 19:21-29)
▪ 장자의 죽음(출 11:1-12:36)

▩ 유월절

■ 하나님이 열 번째 재앙을 애굽에 내리실 때 모세와 아론을 불러 유월절에 대해 말씀하심(출 12:1-14).

- 각 사람이 어린양을 취하되 흠 없고 일년 된 숫양이나 숫염소 중에서 취하여 14일까지 간직하였다가 해질 때에 이스라엘 백성이 그 양을 잡아 그 피를 집문 좌우 설주와 인방에 바르고 그 밤에 고기를 불에 구워 무교병과 쓴 나물을 아울러 먹되 날로나 물에 삶아서 먹지 말고 그 머리와 정강이와 내장을 다 불에 구워 먹고 아침까지 남겨두지 말며 아침까지 남겨둔 것은 불로 태우라.
- 너희는 그것을 먹을 때 허리에 띠를 띠고 발에 신을 신고 손에 지팡이를 잡고 급히 먹으라. 내가 그 밤에 애굽 땅에 두루 다니며 사람과 짐승 모두 처음 난 것을 모두 치고 애굽 모든 신을 벌하리라. 이때 어린 양의 피가 문 인방과 좌우 설주에 있는 것을 보면 넘어가리니 재앙이 너희를 피하리라.

▩ 출애굽

■ 애굽에서 홍해까지

- 애굽에 내린 10번째 재앙으로 바로 왕은 모세를 불러 이스라엘 백성의 출애굽에 동의함(출 12:31-32).
- 아브라함에게 약속한 말씀이 430년만에 이루어졌고 이스라엘 민족을 여호와의 군대라 칭하고, 여호와의 밤으로 기념함(출 12:37-42).
- 애굽에서 가나안 땅으로 가는 길에 블레셋과 전쟁을 피하기 위해 애굽으로 돌아가려하자 하나님께서 홍해의 광야의 길로 인도하심(출 13:17).
- "너희는 두려워 말고 가만히 서서 여호와께서 너희를 위하여 행하시는 구원을 보라. 여호와께서 너희를 위하여 싸우시리니 너희는 가만히 있으라(출 14:31)"

■ 홍해에서 시내산으로

- 홍해를 건넌 모세는 이스라엘 백성과 함께 하나님을 찬양함(출 15:1-18).
- 수르 광야에서 사흘 길을 행하며 물을 얻지 못하고 마라에 이르러서도 물을 마실 수 없자 모세가 하나님께 기도하여 마실 수 있는 물로 변하게 함(출 15:22-25).
- 마라에서 하나님은 이스라엘 백성을 위하여 법도와 율례를 정하시고 이것을

지키는 자에게 질병으로부터의 치료를 약속하심 (출 15:25-26).

- 엘림(인생의 회복기)을 지나 엘림과 시내산 사이의 신광야에 이르러 먹을 것이 없자 하나님이 아침에는 만나를 저녁에는 메추라기를 일용할 양식으로 주심(출 16:4-36)

■ 아말렉과의 전투(출 17:8-16)

■ 시내광야에서의 하나님 말씀(출 19:1-6).

- 세계가 다 내게 속하였으므로 너희가 내 말을 듣고 내 언약을 지키면 너희는 열국 중에서 내 소유가 되겠고 제사장 나라가 되며 거룩한 백성이 되리라. 너는 이 말을 이스라엘 자손에게 고하라.

  Now if you obey me fully and keep my covenant, then out of all nations you will bemy treasured possession. Although the whole earth is mine, you will be for me a kingdom of priests and a holy nation. These are the words you are to speak to the Israelites.

시내산에서의 계시

■ 십계명(출 20:1-26)

- 나 이외에 다른 신들을 네게 있게 말지라.
- 우상을 만들지 말고 절하지 말며 섬기지 말라.
- 여호와의 이름을 망령되게 부르지 말라.
- 안식일을 기억하여 거룩하게 지키라.
- 네 부모를 공경하라.
- 살인하지 말라.
- 간음하지 말라.
- 도적질하지 말라.
- 거짓 증거하지 말라.
- 탐내지 말라.
- You shall have no other gods before me.
- You shall not make for yourself an idol and you shall not bow down to them or worship them.

- You shall not misuse the name of the LORD your God.
- Remember the Sabbath day by keeping it holy.
- Honor your father and your mother .
- You shall not murder.
- You shall not commit adultery.
- You shall not steal.
- You shall not give false testimony against your neighbor.
- You shall not covet your neighbor's.

하나님의 사랑

- 모세가 이 세상 사람 그 누구보다도 온유하다고 칭찬하심(민 12:3).
- 모세와는 대면하여 명백히 말함.
- 하나님의 형상을 보았는데 그가 온 집에 충성하였기 때문임(민 12:6-8).
- 모세가 십계명이 새겨진 돌판을 받을 때 그 얼굴에서 광채가 나타남(출 34:29-35).
- 예수님께서 변화산에 올라가셨을 때 엘리아와 함께 주님과 대화를 나누는 영광을 얻음(막 9:2-8).
- 이스라엘 백성의 중죄
  - 우상숭배, 간음, 시험, 원망(고전 10:7-10)
  - 부정적인 사고와 부정적인 언어사용(민 13:1-33)

언어적 표현- 숙어

• Take off your sandals.	~ 벗다.
• I have heard them crying out	울부짖다.
because of their slave drivers.	~ 때문에
• I am concerned about their suffering.	~으로 걱정하다.
• So I have come down to	내려오다.
rescue them from the hand of the	~으로부터 구하다.
Egyptians and to bring them up	~을 건져내다.
out of that land.	~으로부터
• Out of all nations you will be my treasured possession.	~ 중에

▩ 언어적 표현- 우등비교

Close(r), smart(er), happy(ier), big(ger) more + beautiful, careful, interesting	+ than
· Do not come any closer. · The Brown seem a lot happier now than they used to. · Elisabeth is more careful than Jane. · Movies are more interesting than books	

Quiz / Song

Q1. 계명을 바르게 연결 시키시오.

제1계명	A. Honor your father and mother.
제2계명	B. Remember the Sabbath day…
제3계명	C. You shall not misuse the name of the LORD your God.
제4계명	D. You shall have no other gods before me.
제5계명	E. You shall not make for yourself an idol and you shall not bow down to them or worship them.
제6계명	A. You shall not murder.
제7계명	B. You shall not steal.
제8계명	C. You shall not commit adultery.
제9계명	D. You shall not covet your neighbor's.
제10계명	E. You shall not give false testimony against your neighbor.

Q2. 빈칸을 채워서 밑에 있는 문장을 완성하시오.(접속사)

- Take ______ your sandals(벗다).
- I have heard them crying ______ (울부짖다)because of their slave drivers.
- I am concerned ______ their suffering(~으로 걱정하다).

• So I have come ______ (내려오다) to rescue them from the hand of the Egyptians and to bring them ______ out of that land(구해내다).
• Out ______ all nations you will be my treasured possession. (~중에)
• The Brown seem a lot ______ (happy의 비교급) now than they used to.
• Elisabeth is ______ (careful의 비교급) than Jane.

♫ Song

The Wise Man And Foolish Man

1. The wise man built his house upon the rock,
The wise man built his house upon the rock,
The wise man built his house upon the rock,
And the rains came tumbling down.
The rains came down and the floods came up,
The rains came down and the floods came up,
The rains came down and the floods came up,
And the house on the rock stood firm.

2. The foolish man built his house upon the sand,
The foolish man built his house upon the sand,
The foolish man built his house upon the sand,
And the house on the rock stood firm.
The rains came down and the floods came up,
The rains came down and the floods came up,
The rains came down and the floods came up,
And the house on the sand went SMASH!

5-3 룻

학습목표	• 룻은 어떤 인물이며 그녀를 통해 전달하고자 하는 하나님의 뜻을 생각해 본다. • 언어적 표현을 정리한다. - 숙어
수업개요	• 룻(Ruth) • 엘리멜렉과 나오미의 잘못된 선택 • 룻의 아름다운 선택과 성실함 • 룻과 보아스의 결혼 • 언어적 표현 • 연습문제

룻(Ruth)

- 이방 여인의 이름으로 성경책의 제목이 정해진 유일한 성경.
- 배경
  - 모압 땅에서 남편과 두 아들을 잃음.
  - 베들레햄으로 돌아와 시어머니 나오미(기쁨이란 뜻)를 모심.
  - 친척인 보아스(민첩하다의 뜻)와 결혼하여 오벳을 낳음.
- 이방 여인이지만 다윗의 조상이 되어 예수님의 족보에 오름.
  - 이스라엘 백성은 이방인과 결혼할 수 없지만 이방신을 버리고 하나님께 돌아오면 하나님의 자녀가 될 수 있음.

엘리멜렉과 나오미의 잘못된 선택

- 사사시대 유다 베들레헴에 흉년이 들러 엘리멜렉은 그 아내 나오미와 두 아들(말론과 기룐)을 데리고 흉년을 피하여 모압 땅에 이주해서 살게 되나 일찍 죽음.
  - 신앙의 땅(믿음, 교회, 말씀 등)을 버리고 물질을 추구함.
- 나오미는 모압여인 오르바와 룻을 두 아들의 아내로 삼게 됨.
  - 이방 사람들과 혼인을 금한 하나님의 말씀(신 7:3)을 불순종하는 죄를 범함.

- 두 아들도 죽어 결국 나오미와 두 자부 세 명의 여자만 남게 됨.
- 자부에게 각각 어미의 집으로 돌아가 남편을 얻어 새로운 인생을 살도록 요청함(룻 1:8-13).
- 내가 풍족하게 나갔지만 여호와께서 빈손으로 돌아오게 하는 징벌을 내리시고 전능자가 나를 괴롭게 하셨다(룻 1:20-21).

  "Call me Mara, because the Almighty has made my life very bitter. I went away full, but the LORD has brought me back empty. Why call me Naomi? The LORD has afflicted me; the Almighty has brought misfortune upon me."

- 나오미는 유다 땅으로 돌아오던 중 오르바는 모압 백성에게 돌아갔으나 룻은 시어머니를 따라 베들레햄에 오게 됨.

▣ 룻의 아름다운 선택과 성실함

- 시어머님의 신앙을 선택하고 효도하는 아름 다운 믿음을 선택함(룻 1:15-18).

▪ 나로 어머니를 떠나며 돌아가라 강권하지 마소서. 어머니께서 가시는 곳에 나도 가고 어머니께서 머무는 곳에 나도 머물고 어머니 백성이 내 백성이 되어, 어머니의 하나님이 나의 하나님이 되실 것이며, 어머니가 장사되는 곳에 나도 장사될 것이며, 죽는 일 외에 어머니를 떠나면 여호와께서 내게 벌을 내리시기 원한다.

  "Don't urge me to leave you or to turn back from you. Where you go I will go, and where you stay I will stay. Your people will be my people and your God my God. Where you die I will die, and there I will be buried. May the LORD deal with me, be it ever so severely, if anything but death separates you and me."

- 하나님의 은혜로 시아버지 엘리멜렉의 친척 보아스의 밭에 나가서 일을 하게 됨.
- 룻이 시어머니에게 효도하고 열심히 일한다는 것을 안 보아스는 이삭을 충분히 거둘 수 있도록 도와줌(룻 2:1-16).

▪ 여호와께서 네가 행한 일에 보답하시기를 원하며 이스라엘의 하나님 여호와께서 그의 날개 아래에 보호를 받으러 온 네게 온전한 상 주시기를 원하

노라 하는지라.

May the LORD repay you for what you have done. May you be richly rewarded by the LORD, the God of Israel, under whose wings you have come to take refuge.

▣ 룻과 보아스의 결혼

- 나오미는 룻이 보아스의 밭에 가서 이삭줍기를 할 때 보아스가 룻에게 친절을 베푼 사실을 알고 룻에게 보아스는 자신들의 기업 무를 자 중 한 사람임을 설명하고 룻이 보아스에게 청혼하도록 함.
- 보아스는 룻의 기업을 우선적으로 무를 사람을 성문에서 만나 책임이행여부를 물었고 그가 우선권을 포기하자 책임이행을 위해 룻과 결혼함(룻 4:1-12).
- 보아스와 룻이 결혼하자 하나님께서 이들에게 아들을 낳게 하심.
- 아들 오벳(섬기는 자란 뜻)은 이새를 낳고 이새는 다윗을 낳아 룻은 이방여인으로 예수님의 족보에 오르는 영광을 얻음(룻 4:13-22).

▣ 언어적 표현- 숙어

▪ I went away full, but the LORD has	나가다.
brought me back empty.	돌아오다.
▪ The Almighty has brought misfortune upon me.	불행을 내리다.
▪ Don’t urge me to leave you or to	~하도록 강권하다.
turn back from you.	돌아가다.
▪ May the LORD deal with me, be it ever so severely.	다루다.
▪ May the LORD repay you for what	~에 대해 보상하다.

Quiz / Song

Q1. 이름과 뜻을 연결하시오.

Ruth	A. 섬기는 자
Boaz	B. 기쁨
Naomi	C. 괴로움
Mara	D. 민첩하다
Obed	E. 이름의 뜻이 알려지지 않음

Q2. 빈칸을 채워서 밑에 있는 문장을 완성하십시오.(숙어)

- I went ________ full(나가다), but the LORD has brought me back empty.
- The Almighty has brought misfortune ________ me(내리다).
- Don't urge me ________ leave you or to turn back from you(~하도록 강권하지 마라).
- May the LORD deal ________ me(다루다), be it ever so severely.
- May the LORD repay you ________ (~에 대해 보상하다) what you have done.

♫ Song

Peace Like A River

1. I've got peace like a river, I've got peace like a river,
   I've got peace like a river in my soul.
   I've got peace like a river, I've got peace like a river,
   I've got peace like a river in my soul.
2. I've got joy like a fountain...
3. I've got love like an ocean...

PART 06

6-2강 다윗

6-2 다윗

학습목표
- 다윗은 어떤 인물이며 그를 통해 전달하고자 하는 하나님의 뜻을 생각해 본다.
- 언어적 표현을 정리한다. - 숙어

수업개요
- 다윗(David)
- 왕으로 기름부음을 받은 다윗
- 골리앗과의 싸움에서 승리
- 다윗의 시련
- 이스라엘의 왕위에 오르는 다윗
- 다윗 왕의 믿음
- 다윗 왕의 범죄와 하나님의 심판
- 하나님의 사랑
- 언어적 표현
- 연습문제

다윗(David)

- "사랑 받은 자"란 뜻.
- 이스라엘 두 번째 왕.
  - 이스라엘 중 가장 위대한 왕.
  - 베들레헴 사람 이새의 막내아들(8남).
  - 주전 1040년경에 태어남.
  - 아비의 양 떼를 돌보던 중 소년시절 사무엘 선지자로부터 왕의 기름부음을 받음(삼상 16:13).
- 블레셋의 골리앗 장군과의 싸움에서 여호와의 이름으로 승리함.
  - 사울이 죽인자는 천천이요 다윗이 죽인자는 만만이로다(삼상 18:7).
    Saul has slain his thousands, and David his tens of thousands
  - 사울 왕이 다윗을 두려워하며 미워하고 다윗을 평생의 대적으로 삼는 계기가 됨.
- 행적
  - 악신이 들린 사울 왕을 위하여 수금을 연주하여 악신을 떠나게 한 하나님

이 함께 하신 믿음의 사람(삼상 16:18-23).

- 30세에 왕위에 올라 헤브론에서 7년 6개월 유다 지파를 다스림.
- 그 후 예루살렘에서 온 이스라엘 지파를 33년간 다스림.

- 예수님은 다윗의 후손에서 태어날 것으로 예언됨.
- 다윗에 대한 성경 부분
  - 사무엘상 16장에서 열왕기상 2장까지.
  - 역대상 11장에서 29장까지
  - 다윗은 73편의 시편을 지음.

▣ 왕으로 기름부음을 받은 다윗

- 하나님께서 사무엘에게
  - 내가 이미 사울을 버려 이스라엘의 왕이 되지 못하게 하였으므로 뿔에 기름을 채워 베들레헴 땅 이새의 집에 가서 그 아들 중 하나에게 기름을 부어 왕으로 삼으라(삼상 16:1).

    How long will you mourn for Saul, since I have rejected him as king over Israel? Fill your horn with oil and be on your way; I am sending you to Jesse of Bethlehem. I have chosen one of his sons to be king.

- 이새의 장남 엘리압이 용모와 신장의 건장함을 보고 기름 붓고자 하자
  - 그의 용모와 신장을 보지 말라. 나의 보는 것은 사람과 같지 아니하니 사람은 외모를 보거니와 나 여호와는 중심을 보느니라.

    Do not consider his appearance or his height, for I have rejected him. The LORD does not look at the things man looks at. Man looks at the outward appearance, but **the LORD looks at the heart**.

- 둘째 아비나답, 셋째 삼마로부터 일곱 째까지 아무도 왕으로 택한 사람이 없음을 말하며 더 이상 아들이 없냐고 물음.
- 이새가 데려온 막내아들 다윗을 보며
  - 그의 빛이 붉고 눈이 빼어나고 얼굴이 아름답다고 느끼고 있을 때 여호와께서 사무엘에게 "그에게 기름을 부으라" 말씀하심.(삼상 16:12).

    He was ruddy, with a fine appearance and handsome features. Then the

LORD said, "Rise and anoint him; he is the one.

- 사무엘이 기름 뿔을 취하여 다윗에게 부었더니 이날부터 다윗은 여호와의 신에 크게 감동됨(삼상 16:13).

  So Samuel took the horn of oil and anointed him in the presence of his brothers, and from that day on the Spirit of the LORD came upon David in power.

▩ 골리앗과의 싸움에서 승리

- 블레셋 군대는 이스라엘과 싸우기 위해 유다 땅 소고와 아세가 사이의 에베스담밈에 진을 침.
- 사울왕과 이스라엘은 엘라 골짜기에 진을 침.
- 블레셋 장수 골리앗
- ▪ 가드사람으로 키가 크며 갑옷을 입고 어깨에는 놋 단창을 메고 큰 창을 들고 있음.
- ▪ "너희 장수 한 사람을 택하여 나와 싸우자. 그가 나를 이기면 우리가 너희의 종이 되겠고 내가 이기면 너희가 우리의 종이 되어 우리를 섬기라(삼상 17:8-9)."

  "Choose a man and have him come down to me. If he is able to fight and kill me, we will become your subjects; but if I overcome him and kill him, you will become our subjects and serve us."

- 아비 이새의 부탁으로 전장에 나간 다윗은
- ▪ "너는 칼과 단창으로 내게 오지만 나는 만군의 여호와의 이름으로 나아가노라. / 여호와께서 너를 내 손에 붙이시리니 네 머리를 베고 블레셋 군대의 시체를 공중의 새와 땅의 들짐승에게 주어 온 땅으로 이스라엘의 하나님이 살아 계심을 나타내리라. / 전쟁의 승패는 여호와께 속한 것이며 여호와의 구원이 창과 칼에 있지 않음을 나타내리라(삼상 17:45-7)."

  "You come against me with sword and spear and javelin, but I come against you in the name of the LORD Almighty, the God of the armies of Israel, whom you have defied. /This day the LORD will hand you over to me, and I'll strike you down and cut off your head. Today I will give the carcasses of the Philistine army to the birds of the air and the beasts of the earth, and the whole world will know that there is a God in Israel. /All those gathered here will know that it is not by sword or spear that the LORD saves; for the battle is the LORD'S, and he will give all of you into our hands."

다윗의 시련

- 사울이 던지는 창을 피하는 다윗(심상 18:1-11)
- 다윗이 골리앗과 싸워 승리하자 군대의 장을 삼음.
- 다윗을 시기하고 미워해서 사울 왕은 창을 던져 다윗을 죽이고자 함.

- 사울 왕의 딸 미갈과의 결혼(심상 18:17-29)
- 다윗에게 블레셋 사람 100명을 죽이고 그 양피를 가져오면 딸 미갈을 아내로 주겠다고 제안함.

- 사울 왕을 피해 도망가는 다윗.
- 악신이 든 사울 왕을 위해 수금을 타나 단창을 던져 죽이려 함.

- 사울 왕을 다시 살려 주는 다윗(삼상 26:1-25)
- "죽이지 말라. 누구든지 여호와의 기름부음을 받은 자를 죽이면 죄가 된다."

이스라엘의 왕위에 오르는 다윗

- 사울 왕이 죽자 유다 지파는 다윗을 왕으로 추대하여 헤브론에서 유다 지파를 7년 6개월 다스림.
- 아브넬 장군은 사울 왕의 아들 이스보셋을 왕으로 추대하여 2년 동안 이스라엘의 11지파를 다스림.(심상 2:1-11).
- 이스라엘의 모든 지파의 장로들이 헤브론에 이르러 다윗에게 이스라엘의 왕이 되어 달라고 요청하여 이스라엘의 2대 왕이 됨(삼하 6:1-11).
- "네가 내 백성 이스라엘의 목자가 되며 이스라엘의 주권자가 되리라."
- '**You will shepherd my people Israel**, and you will become their ruler.'"

다윗 왕의 믿음

- 하나님의 언약궤를 사랑하는 믿음.
- 성전을 건축하고자 하는 믿음.
- 요나단에 대한 사랑.
- 마음을 절제하는 믿음(삼상 25:2-42)
- 여호와 하나님을 의지하는 믿음(삼상 30:1-30)
- 부하에 대한 사랑(삼하 23:8-17, 대상 11:10-19)
- 하나님께 영광을 돌리는 믿음(삼하 22:1-51).

다윗 왕의 범죄와 하나님의 심판

- 다윗 왕의 범죄(삼하 11:1-27).
  - 요압 장군 등 다윗 왕의 군대가 암몬 자손을 멸하고 랍바를 에워싸며 싸울 때 왕은 침상에서 일어나 왕궁 지붕 위를 거닐다가 여인이 목욕하는 것을 보고 자신의 부하 우리아의 아내임을 알고도 동침함.
  - 우리아를 가장 맹렬한 싸움터에 내보내 죽게 함.
  - 밧세바를 아내로 맞고 아들을 낳음.

- 나단 선지자의 책망(삼하 12:1-9).
- 다윗 왕의 회개(삼하 12:13, 시 51편).
  - 침상을 적시며 회개함.

- 다윗 왕의 범죄에 대한 하나님의 심판
  - 밧세바를 통하여 얻은 아들이 병들어 죽게 됨.
  - 아들 압살롬의 반란으로 예루살렘을 떠나 피신하는 심판을 받음.

하나님의 사랑

- 인간적으로 많은 단점을 가진 왕.
  - 부하의 아내와 간음한 죄.
  - 우리아를 속인 죄.
  - 우리아를 간접 살인한 죄.

- 아들 압살롬에 대한 미움을 오랜 기간 풀지 않은 죄.

- 항상 하나님을 의지하는 신앙과 하나님의 율례와 법도를 순종하려는 순수한 믿음을 가짐.
- 이스라엘의 왕들 중에서 훌륭한 왕,
- 저가 그 조상 다윗의 모든 행위와 같이 여호와 보시기에 정직히 행하며(대하 29:2).
  He did what was right <u>in the eyes of</u> the LORD, just as his father David had done.

- 저가 그 조상 다윗과 같지 아니하여 여호와 보시기에 정직히 행치 아니하고(대하 28:1).
  Unlike David his father, he did not do what was right <u>in the eyes of</u> the LORD.

▩ 언어적 표현- 숙어

Fill A with B	A를 B로 채우다.
be on one's way	도중에
look at ~	~을 보다.
is able to ~	~ 할 수 있는
in the presence of ~	~의 면전에서.
come against ~	~에 대항하여 나오다.
in the name of ~	~의 이름으로
hand A over to B	A를 B에게 넘기다.
cut off ~	~을 베다.
in the eyes of ~	~의 눈 앞에서

Quiz / Song

Q1. 한글 구절과 영어 구절을 연결하시오.

여호와는 중심을 보느니라	A. Rise and anoint him
그에게 기름을 부으라	B. the Spirit of the LORD
여호와의 신	C. the God of the armies of Israel
만군의 여호와	D. the LORD looks at the heart
네가 내 백성 이스라엘의 목자가 되리라	E. You will shepherd my people Israel

Q2. 빈칸을 채워서 밑에 있는 문장을 완성하십시오.(숙어)

The LORD looks ________ the heart.

Samuel anointed him ________ the presence of his brothers.

He is able ________ fight and kill me.

You come ________ me with sword and spear and javelin.

This day the LORD will hand you ________ to me.

♫ Song

Only a Boy Named David

Only a boy named David, Only a little sling,
Only a boy nemed David, But he could pray and simg;
Only a boy named David, Only a rippling brook,
Only a boy named David, but five little stones he took.

And one little stone went in the sling,
And the sling went round and round,
And one little stone went in the sling,
And the sling went round and round,
And round and round and round and round,
and round and round and round,
And one little stone went in the air,
And the giant came tumbling down.

PART 08

8-1강 솔로몬

8-2강 엘리야

8-1 솔로몬

학습목표	• 솔로몬은 어떤 인물이며 그를 통해 전달하고자 하는 하나님의 뜻을 생각해 본다. • 언어적 표현을 정리한다. - 대명사
수업개요	• 솔로몬(Solomon) • 솔로몬 왕의 일천번제 • 솔로몬 왕의 지혜 • 솔로몬 왕의 믿음 • 하나님의 말씀 • 솔로몬 왕의 범죄 • 하나님의 사랑 • 언어적 표현 • 연습문제

솔로몬(Solomon)

- "평강" 또는 "번영"이란 뜻.
- 이스라엘 세 번째 왕.
- 다윗과 우리아의 아내였던 밧세바 사이에서 태어남.
- 살롬에서 파생된 애칭.
- 기브온 산장에서 일천 마리의 희생 제물로 번제를 드렸을 때 하나님으로부터 지혜를 얻은 지혜의 왕.
- 잠언 3,000을 말하고 1,005개의 노래를 지었으며 아가서, 잠언서(1:1-22:16, 25:1-29:27), 전도서와 두 편의 시편(72, 127편)의저자임.
- 20세에 왕위에 올라 40년간 이스라엘을 다스림.
- 예루살렘 성전을 7년간, 솔로몬 궁전을 13년간 건축하여 완공함(왕상 6:38, 7:1).
- 백성들은 건축공사에 과중한 세금을 부담하여 그의 아들 르호보암을 따르지 않음(왕상 12:1-15).

▣ 솔로몬 왕의 일천번제

- 하나님께서 솔로몬 왕과 함께 하시므로 그 왕위가 견고하고 심히 창대하여 왕은 기브온 산장에서 놋단 위에 일천마리의 희생제물을 하나님께 번제로 드림.
- "내가 네게 무엇을 주기를 원하느냐, 구하라(왕상 3:5)."

  "Ask for whatever you want me to give you."

- "하나님께서 다윗 왕에게 큰 은혜를 베푸시고 나로 왕위를 이어 이스라엘 백성의 왕으로 삼으셨으니 저에게 지혜와 지식을 주어 이스라엘 백성을 올바르게 재판케 하소서(왕상 3:7-9)."

  "Now, O LORD my God, you have made your servant king in place of my father David. … Your servant is here among the people you have chosen, a great people, too numerous to count or number. So give your servant a discerning heart to govern your people and to distinguish between right and wrong. For who is able to govern this great people of yours?"

- 하나님은 솔로몬 왕에게(왕상 3:11-14)
- "자기를 위하여 부귀, 명예, 장수를 구하지 아니하고 원수의 생명을 멸해 달라고 구하지 아니하니 내 마음에 맞도다. 너에게 지혜롭고 총명한 마음을 주노니 이와 같은 일은 전에도 없었고 후에도 없으리라. 또 내가 네가 구하지 아니한 부와 영광도 네게 주노니 네 평생의 열왕 중에서 너와 같은 자가 없을 것이라. 네 아비 다윗의 행함같이 내 법도와 명령을 지키면 내가 네 날을 길게 하리라."

  "Since you have asked for this and not for long life or wealth for yourself, nor have asked for the death of your enemies but for discernment in administering justice. I will do what you have asked. I will give you a wise and discerning heart, so that there will never have been anyone like you, nor will there ever be. Moreover, I will give you what you have not asked for--both riches and honor--so that in your lifetime you will have no equal among kings. And if you walk in my ways and obey my statutes and commands as David your father did, I will give you a long life.”

▣ 솔로몬 왕의 지혜

- 솔로몬 왕의 지혜(왕상 4:29-34, 대하 9:22-28)
  - 동양 모든 사람의 지혜와 애굽의 모든 지혜보다 뛰어남.
  - 잠언 3,000을 말하였고 1,005개의 노래를 지음.
  - 천하 열왕이 솔로몬 왕의 지혜를 들으며 그 얼굴 보기를 원하여 각기 예물을 가지고 옴.

- 솔로몬 왕의 명 재판(왕상 3:16-28)
  - 두 여인사이에 산 아이가 서로 자기 아들이라는 싸움이 일어나 솔로몬 왕이 산 아이를 칼로 잘라 반씩 나누어주라는 판결을 내려 진짜 어머니를 찾아 줌.

- 솔로몬과 스바 여왕(왕상 10:1-10)
  - 스바(Sheba)여왕이 많은 보물을 가져와 여러 가지 어려운 문제로 시험하였으나 대답하지 못한 것이 없었음.
  - 솔로몬 왕의 지혜와 그가 건축한 성전, 그의 음식상, 신하들의 좌석, 신하들의 시립, 그들의 복장, 술관원 및 여호와의 전에 올라가는 층계를 보고 압도당함.

▣ 솔로몬 왕의 믿음

- 인간의 생명과 삶, 나라의 흥망성쇠에 대한 주권이 하나님께 있음을 고백함.
  - 여호와께서 집을 세우지 아니하시면 세우는 자의 수고가 헛되며 여호와께서 성을 지키지 아니하시면 파수군의 경성함이 허사로다(시 127:1).
  - 마음의 경영은 사람에게 있어도 말의 응답은 여호와께로서 나느니라(잠 16:1).
  - 너희 행사를 여호와께 맡기라 그리하면 너의 경영하는 것이 이루리라(잠 16:3).

▪ 사람이 마음으로 자기의 길을 계획할지라도 그 걸음을 인도하시는 자는 여호와시니라(잠16:9).

• 하나님이 인간에게 주신 선물이 인생임을 깨달음.

▪ 사람이 사는 동안에 기뻐하며 선을 행하는 것보다 나은 것이 없는 줄을 내가 알았고 사람마다 먹고 마시는 것과 수고함으로 낙을 누리는 것이 하나님의 선물인줄을 또한 알았도다. (전 3:12-13)

▪ 사람이 자기 일에 즐거워하는 것보다 나은 것이 없느니라 (전 3:22).

• 청년의 때 곧 곤고한 날이 이르기 전에 아무 낙이 없다고 할 시기가 가깝기 전에 창조자를 기억하며 하나님을 경외하고 그 명령을 지키는 것이 사람의 본분임을 인식하고 또한 하나님은 모든 행위와 모든 은밀한 일을 선악간에 심판하실 것을 믿고 이를 후세에 전함(전 12:1-14).

• 성전건축을 완료하고 하나님을 찬양하며 나라와 백성들을 위하여 기도함(대하 6:1-7:5).

▣ 하나님의 말씀

• 솔로몬 왕이 성전과 왕궁 건축을 끝낸 어느날 밤 하나님께서

▪ 내가 이미 네 기도를 듣고 이곳을 택하여 내게 제사하는 성전을 삼았으니 만일 내가 하늘을 닫고 비를 내리지 아니하거나 메뚜기로 토산을 먹게 하거나 염병이 백성 가운데 유행하게 할 때 내 백성이 악한 길에서 떠나 스스로 겸비하고 기도하여 내 얼굴을 구하면 내가 하늘에서 듣고 그 죄를 용서하고 그 땅을 고칠 것이며, 이 성전에서 하는 기도에 내가 눈을 들고 귀를 기울이리니 이는 내가 이미 이 전을 택하고 거룩하게 하여 내 이름으로 여기 영영히 있게 하였음이라. 내 눈과 마음이 항상 여기 있으리라.(대하 7:12-16)

"I have heard your prayer and have chosen this place for myself as a temple for sacrifices." When I shut up the heavens so that there is no rain, or command locusts to devour the land or send a plague among my people, if my people, <u>who are called by my name</u>, will humble themselves and pray and seek my face and turn from their wicked ways, then will I hear from heaven and will forgive their sin and will heal their land. Now my eyes will be open and my ears attentive to the prayers offered in this place. I have chosen and consecrated this temple so that my Name may be there forever. **My eyes and my heart will always be there**.

- 솔로몬 왕이 성전과 왕궁 건축을 끝낸 어느날 밤 하나님께서
- 네가 네 아비 다윗처럼 내 율례와 규례를 지키면 내가 네 나라 위를 견고하게 할 것이며 다윗에게 언약한 것처럼 이스라엘을 다스릴 자가 네게서 끊어지지 아니하리라. 그러나 너희가 돌이켜 내 율례와 명령을 버리고 다른 신을 섬겨 숭배하면 내가 이스라엘 백성에게 준 땅에서 그 뿌리를 뽑아내고 내 이름을 위하여 거룩하게 한 이 전을 내 앞에서 버려 모든 민족 중에 속담거리와 이야기 거리가 되게 하리라.(대하7:17-20)

  "As for you, if you walk before me as David your father did, and do all I command, and **observe my decrees and laws**, I will establish your royal throne, as I covenanted with David your father when I said, 'You shall never fail to have a man to rule over Israel.'" But if you turn away and forsake the decrees and commands I have given you and go off to serve other gods and worship them, then I will uproot Israel from my land, which I have given them, and will reject this temple I have consecrated for my Name. I will make it a byword and an object of ridicule among all peoples.

솔로몬 왕의 범죄

- 솔로몬왕의 범죄(왕상 11:1-8)
- 애굽와 바로와 인연을 맺어 그 딸을 아내로 맞은 외에 이방여인을 아내로 맞음.(후비 700명, 빈장 300명)

- 왕의 범죄에 대한 하나님의 심판
- 솔로몬 왕이 마음을 돌이켜 하나님을 떠났기에 나라를 빼앗아 신복에게 준다고 하심.

- 하나님께서 에돔 사람 하닷, 엘리아달의 아들 르손, 느밧의 아들 여로보암 등 수많은 대적이 생기게 함.
- 솔로몬 왕은 번민과 회한으로 잠을 잘 수 없었음.
- 허무주의 인생관에 함몰됨.

▣ 하나님의 사랑

- 솔로몬은 역사상 가장 지혜로운 왕.
- 온갖 명예와 권세, 부귀와 존귀를 받았던 인물.
- 그가 누렸던 이 세상의 영광은 인생이면 누구나 탐내며 추구하는 것이지만 그것은 영원한 것이 아니라 일시적인 것이며 하늘나라로 가지고 갈 수 있는 것이 아님.
- 솔로몬 왕은 인생의 헛됨을 이야기 함.

- 청년의 때
- 창조자를 기억하고 하나님을 경외하는 삶을 살아 사후에 있을 하나님의 심판에 대비하는 삶을 살도록 권면함.

▣ 언어적 표현- 대명사

의문대명사+V	관계대명사+S+V
▪ Who is able to govern this great people of yours? ▪ What do you want from? ▪ Which color will you choose?	▪ I will do what you have asked. ▪ If my people, who are called by my name, will humble themselves and pray and seek my face and turn from their wicked ways, then will I hear from heaven and will forgive their sin and will heal their land. ▪ I will uproot Israel from my land, which I have given them, and will reject this temple I have consecrated for my Name.

Quiz / Song

Q1. 다음 중 솔로몬 왕에 해당하지 않는 내용은?

A) "평강" 또는 "번영"이란 뜻.

B) 이스라엘 네 번째 왕.

C) 다윗과 우리아의 아내였던 밧세바 사이에서 태어남.

D) 살롬에서 파생된 애칭.

Q2. 솔로몬 왕의 범죄에 대한 하나님의 심판이 아닌 것은?

A) 지혜를 줘서 교만하게 함.

B) 하나님께서 수많은 대적이 생기게 함.

C) 솔로몬 왕은 번민과 회한으로 잠을 잘 수 없었음.

D) 허무주의 인생관에 함몰됨

Q3. 빈칸을 채워서 밑에 있는 문장을 완성하십시오(대명사).

- ________ is able to govern this great people of yours?
- ________ do you want from me?
- ________ color will you choose?
- I will do ________ you have asked.
- If my people, ________ are called by my name, will humble themselves and pray and seek my face and turn from their wicked ways, then will I hear from heaven and will forgive their sin andwill heal their land.
- I will uproot Israel from my land, ________ I have given them, and will reject this temple I have consecrated for my Name.

♫ Song

Rolled Away

Rolled away, rolled away, rolled away,
Every burden of my heart rolled away;
Rolled away, rolled away, rolled away,
Every burden of my heart rolled away;
Every sin had to go beneath the crimson flow,
Rolled away, rolled away, rolled away,
Every burden of my heart rolled away;

8-2 엘리야

학습목표	• 엘리야는 어떤 인물이며 그를 통해 전달하고자 하는 하나님의 뜻을 생각해 본다. • 언어적 표현을 정리한다. - 의문사와 접속사
수업개요	• 엘리야(Elijah) • 엘리야 선지자를 통하여 행하신 기적 • 엘리야의 인간적인 연약함 • 엘리야의 승천 • 언어적 표현 • 연습문제

엘리야(Elijah)

- "여호와는 하나님이시다"라는 뜻.
- 길르앗에 거주하는 디셉 사람.
- 이세벨의 상에서 먹는 바알 선지자 450명, 아세라 선지자 400명과 갈멜산에서의 영적 싸움에서 무너진 여호와의 단을 수축하고 여호와의 이름을 의지하여 기도하므로 하나님으로부터 불의 응답을 받아 승리한 구약시대를 대표하는 선지자임(왕상 18:16-40).
- 예수님이 베드로, 요한 및 야고보와 함께 변화산상에 올라갔을 대 율법의 지도자 모세와 더불어 예수님과 이야기를 나눈 선지자임(막 9:2-8).
- 예수님의 초림에 앞서 나타날 세례 요한을 상징한 능력의 선지자.
- 비가 오지 않기를 간절히 기도하자 3년 6개월 동안 땅에 비가 오지 아니하고 다시 기도하자 하늘이 비를 주고 땅이 열매를 냄(왕하 2:11).
- 엘리사를 후계자로 삼음(왕상 19:19-21).

엘리야 선지자를 통하여 행하신 기적

- 그릿 시냇가에서의 삶(왕상 17:1-7).
- 엘리야가 아합와에게 수년동안 비가 오지 않을 것임을 이야기함.
- 요단 앞 그릿 시냇가에 숨어 있을 때 까마귀들이 아침과 저녁으로 엘리야에게 떡과 고기를 가져옴.

• 사르밧 과부(왕상 17:8-16).

▪ 시돈에 속한 사르밧의 성문에 이르렀을 때 한 과부가 마늣가지를 줍고 있자 선지자에게 먼저 대접할 것을 주문함.

▪ 엘리야의 말대로 하였더니 엘리야와 저의 식구가 여러 말 먹었으나 통의 가루가 다하지 아니하고 기름이 없어지지 않았음.

• 사르밧 과부의 아들이 병들어 죽게 되자 하나님께 부르짖으며 기도하여 그 아들을 살림(왕상 17:17-24)

• 갈멜산에서 행한 바알과 아세라 선지자와의 영적 싸움(왕상 18:16-40).

▪ 너희가 어느 때까지 여호와 하나님과 바알신 사이에서 머뭇거리느냐 여호와가 하나님이거든 그를 좇고 바알이 하나님이면 저를 좇을 것이니라.

"How long will you waver between two opinions? If the LORD is God, follow him; but if Baal is God, follow him."

• 하나님의 말씀에 따라 기도하여 비가 오도록 함(왕상 18:1-2, 41-46).

• 아하시야 왕의 사자를 불로서 심판함(왕하 1:1-18).

▣ 엘리야의 인간적인 연약함

• 아합 왕의 아내 이세벨이 자기를 죽이려 하자 인간적인 연약함을 드러냄.

▪ 아합 왕이 엘리야가 행한 일과 갈멜산에서 바알과 아세라 선지자 850명이 죽은 일을 아내 이세벨에게 이야기하자 이세벨은 엘리야에게 사자를 보내어 '내일 이맘때까지 내가 너의 생명을 저들의 생명처럼 하리라. 그렇지 아니하면 신들이 내게 벌을 내림이 마땅하니라'라고 말함.

"May the gods deal with me, be it ever so severely, if by this time tomorrow I do not make your life like that of one of them."

• 아합 왕의 아내 이세벨이 자기를 죽이려 하자 인간적인 연약함을 드러냄.

▪ 엘리야는 생명을 위하여 유대 땅 브엘세바에 이르고 사환을 머물게 한 후 자신은 광야로 들어가 하룻길쯤 행하고 로뎀나무 아래서 하나님께 "여호와여 넉넉하오니 지금 내 생명을 취하소서 나는 내 열조보다 낫지 못하나이다"라며 죽기를 구함.

"I have had enough, LORD," he said. "Take my life; I am no better than my ancestors."

▪ 로뎀나무 아래 누워 잘 때 천사가 엘리야를 어루만지며 일어나 숯불에 구운 떡과 병의 물을 먹도록 하자 일어나 먹고 마신 후 힘을 얻어 40주 40야를 행하여 하나님의 산 호렙에 도착함.

● 엘리야가 호렙산 굴에 들어가 있을 때 하나님께서 엘리야에게

▪ "어찌하여 네가 여기 있느냐"

"What are you doing here, Elijah?"

▪ "내가 여호와 하나님에 대한 열심히 특별한데 이는 이스라엘 자손이 하나님의 언약을 버리고 단을 헐며 칼로 선지자들을 죽였음이며 오직 선지자 중 나만 홀로 남았는데 저들이 내 생명을 찾아 취하려 하나이다(왕상 19:10)."

"I have been very zealous for the LORD God Almighty. The Israelites have rejected your covenant, broken down your altars, and put your prophets to death with the sword. I am the only one left, and now they are trying to kill me too."

● 엘리야가 호렙산 굴에 들어가 있을 때 하나님께서 엘리야에게

▪ "너는 네 길을 돌이켜 다메섹 광야에 이르러 하사엘에게 기름을 부어 이스라엘 왕이 되게 하고 너는 또 님시의 아들 예후에게 기름을 부어 이스라엘의 왕이 되게 하고 아벨므홀라 사람 사밧의 아들 엘리사에게 기름을 부어 네 후계자(선지자)가 되게 하라(왕상 19:15-16).

"Go back the way you came, and go to the Desert of Damascus. When you get there, anoint Hazael king over Aram. Also, anoint Jehu son of Nimshi king over Israel, and anoint Elisha son of Shaphat from Abel Meholah to succeed you as prophet.

▣ 엘리야의 승천(왕하 2:1-11)

● 하나님께서 회리 바람으로 엘리야를 하늘로 올리고자 할 때에 엘리야는 길갈에서 엘리사에게

▪ "너는 여기 머물라 하나님께서 나를 벧엘로 보내시느니라"

▪ "여호와의 사심과 당신의 혼의 삶을 가리켜 맹세하오니 내가 당신을 떠나

지 아니하리라"

"As surely as the LORD lives and as you live, **I will not leave you**."

- 벧엘에서 선지자들의 생도들이 엘리사에게
- ▪ "여호와께서 오늘날 엘리야를 당신 머리 위로 취할 것을 알고 있습니까."
- ▪ "나도 알고 있으니 잠잠하라"
- ▪ "여기 머물라 여호와께서 나로 여리고로 보내시느니라."

- 엘리사는 길갈에서와 똑같은 대답을 벧엘에서, 여리고에서, 요단에서 계속하므로 두 사람은 길갈에서부터 요단까지 계속 동행하게 됨.
- 선지자의 생도 50명이 멀리 서서 바라보니 두 사람이 요단 강가에 섰는데 엘리야가 겉옷을 취하여 말아물을 치므로 물이 갈라져 두 사람이 육지 위로 걸어갔다. 엘리야가 엘리사에게
- ▪ "하나님께서 나를 네게서 취하기 전에 내가 네게 어떻게 할 것을 구하라"
- ▪ "Tell me, what can I do for you before I am taken from you?"
- ▪ "당신의 영감이 갑절이나 내게 있기를 구하나이다"
- ▪ "Let me inherit a double portion of your spirit,"
- ▪ "네가 어려운 일을 구하는 구나, 그러나 하나님께서 나를 네게서 취하는 것을 보면 그 일이 네게 이루려니와 그렇지 않으면 이루어지지 아니하리라".
- ▪ "You have asked a difficult thing," Elijah said, "yet if you see me when I am taken from you, it will be yours--otherwise not."

- 두 사람이 같이 가면서 말할 때 홀연히 불수레와 불말들이 두 사람을 떼어 놓으며 엘리야를 승천시킴.

▣ 언어적 표현- 의문사와 접속사

의문부사 + 동사	접속사 + S + V
▪ When do you leave? ▪ Why are you so sad? ▪ Where do you live? ▪ How long will you waver between two opinions? ▪ How often do you go abroad? ▪ What can I do you before I am taken from you?	▪ Whenyou get there, anoint Hazael king over Aram. ▪ Yet if you see me when I am taken from you, it will be yours.

Quiz / Song

Q1. 다음 중 엘리야에 해당하지 않는 내용은?

A) "여호와는 하나님이시다"라는 뜻.

B) 길르앗에 거주하는 디셉 사람.

C) 하나님으로부터 불의 응답을 받아 승리함

D) 신약시대를 대표하는 선지자임

Q2. 엘리야 선지자를 통하여 행하신 기적이 아닌 것은?

A) 수년동안 비가 오지 않음.

B) 선지자를 먼저 대접하자 통의 가루와 기름이 다함.

C) 사르벳 과부의 죽은 아들을 살림.

D) 바알과 아세라 선지자와의 영적 싸움에서 이김.

Q3. 빈칸을 채워서 밑에 있는 문장을 완성하십시오.

- ________ do you leave?
- ________ are you so sad?
- ________ do you live?
- ________ long will you waver between two opinions?
- ________ often do you go abroad?
- ________ you get there, anoint Hazael king over Aram.

♫ Song

Praise Him, Praise Him

1. Praise Him, praise Him, all ye little children;
God is love, God is love.
Praise Him, praise Him, all ye little children;
God is love, God is love.

2. Love Him, love Him, all ye little children;
God is love, God is love.
Love Him, love Him, all ye little children;
God is love, God is love.

3. Thank Him, thank Him, all ye little children;
God is love, God is love.
Thank Him, thank Him, all ye little children;
God is love, God is love.

4. Serve Him, serve Him, all ye little children;
God is love, God is love.
Serve Him, serve Him, all ye little children;
God is love, God is love.

5. Crown Him, crown Him, all ye little children;
God is love, God is love.
Crown Him, crown Him, all ye little children;
God is love, God is love.

PART 09

9-1강 다니엘

9-3강 요나

9-1 다니엘

학습목표
- 다니엘은 어떤 인물이며 그를 통해 전달하고자 하는 하나님의 뜻을 생각해 본다.
- 언어적 표현을 정리한다. - 관계절

수업개요
- 다니엘(Daniel)
- 뜻을 정한 다니엘
- 다니엘의 기도
- 왕의 꿈
- 다니엘의 해석
- 사드락, 메삭, 아벳느고의 믿음
- 다니엘의 믿음
- 다니엘의 환상
- 민족을 위한 다니엘의 기도
- 언어적 표현
- 연습문제

다니엘(Daniel)

- "하나님은 나의 심판자"라는 뜻.
- 유다 지파
- 바벨론 나라 이름은 벨드사살('벨이 보호하신다'라는 뜻).
- 바벨론국 느부갓네살 왕은 예루살렘 1차 침공 시 이스라엘 자손의 왕족과 귀족 중 흠이 없고 아름다우며 지식을 구비하여 학문에 익숙하고 지혜와 재주가 있어 왕궁에서 일을 시키기에 쓸만한 젊은 인재를 잡아와 갈대아 사람의 학문과 언어를 가르침(단 1:1-4).
- 바벨론 국 느부갓네살 왕, 벨사살 왕, 메대 사람 갈대아의 다리오 왕, 바사(페르시아)국 고레스 왕 시대에 형통한 삶을 삶.
- B.C. 604년경 바벨론 국 총리가 된 후 바사국 고레스 왕 시대 초까지 약 70여년 내외 활동함.

뜻을 정한 다니엘

- 왕은 환관장에게 왕의 진미와 포도주를 다니엘 등 포로로 잡아온 인재들에게 3년간 주어 먹게 하고 갈대아 학문과 언어를 가르쳐 자기 앞에 서게 함.

- 왕의 진미와 포도주가 이방신에게 제물로 바쳐진 것이거나 이스라엘 백성이 먹지 말아야 하는 음식일 수 있기 때문.
- 다니엘은 음식으로 인해 자기를 더럽히지 않기로 뜻을 정하고 채식만 먹겠다고 부탁함.(단 1:5-8)
- 10일간 채식과 물만 먹었지만 다니엘과 그 친구들의 얼굴이 다른 사람들보다 더욱 아름답고 살이 윤택하여 감독하는 자는 이들에게 계속 채식만 공급함(단 1:14-16).
- 하나님은 이들에게 지식을 얻게 하고 학문과 지혜가 뛰어나 왕의 앞에 서게 하고 다니엘에게 이상과 꿈을 알게 하심(단 1:17-20).

▣ 다니엘의 기도

- 느부갓네살 왕은 재위 2년에 꿈을 꾸고 꿈을 해석토록 명령하였으나 아무도 해석치 못하여 죽이라고 명함.
- 다니엘과 그 친구들도 꿈을 해석케 하여 하나님께 기도함.
- 영원히 하나님의 이름을 찬송할 것은 지혜와 권능이 그에게 있으며, 하나님은 때와 기한을 바꾸시며 왕을 세우기도 하시고 폐하기도 하시며 지혜자에게 지혜를 주시며 지식자에게 총명을 주시며, 하나님은 깊고 은밀한 일을 나타내시고 어두운데 있는 것을 아시고 빛이 그와 함께 있도다. (단 2:19-23)

  "Praise be to the name of God for ever and ever; wisdom and power are his. He changes times and seasons; he sets up kings and deposes them. He gives wisdom to the wise and knowledge to the discerning. He reveals deep and hidden things; he knows what lies in darkness, and light dwells with him. I thank and praise you, O God of my fathers: You have given me wisdom and power, you have made known to me what we asked of you, you have made known to us the dream of the king."

▣ 왕의 꿈(단 2:31-35)

- 광채가 특이하며 두려운 모양의 신상이 왕 앞에 나타났는데 우상의 머리는

정금이요, 가슴과 팔 들은 은이요, 배와 넓적다리는 놋이요 그 종아리는 철이요 그 발의 얼마는 철이요 얼마는 진흙이며 또 왕이 보신즉 사람의 손으로 하지 아니하고 뜨인 돌이 신상의 철과 진흙의 발을 쳐서 부서뜨리므로 철과 진흙과 놋과 은과 금이 다 부서져 여름 타작마당의 겨같이 바람에 날려 간 곳이 없고 우상을 친 돌은 태산을 이루어 온 세상에 가득하였습니다.
"You looked, O king, and there before you stood a large statue--an enormous, dazzling statue, awesome in appearance. The head of the statue was made of pure gold, its chest and arms of silver, its belly and thighs of bronze, its legs of iron, its feet partly of iron and partly of baked clay. While you were watching, a rock was cut out, but not by human hands. It struck the statue on its feet of iron and clay and smashed them. Then the iron, the clay, the bronze, the silver and the gold were broken to piecesat the same time and became like chaff on a threshing floor in the summer. The wind swept them away without leaving a trace. But the rock that struck the statue became a huge mountain and filled the whole earth.

▣ 다니엘의 해석

• 왕은 정금이라. 하늘의 하나님이 왕을 열왕의 왕으로 삼으시고 나라와 권세와 능력과 영광을 왕에게 주셨고 인생들과 들짐승과 공중의 새와 그 어느 곳에 있는 것이든 왕이 다스리도록 하셨으며 왕의 후에 왕만 못한 다른 나라가 일어날 것이며 셋째로 놋 같은 나라가 넷째는 철 같은 나라가 일어날 것이며

You, O king, are the king of kings. The God of heaven has given you dominion and power and might and glory; in your hands he has placed mankind and the beasts of the field and the birds of the air. Wherever they live, he has made you ruler over them all. You are that head of gold. "After you, another kingdom will rise, inferior to yours. Next, a third kingdom, one of bronze, will rule over the whole earth. Finally, there will be a fourth kingdom, strong as iron--for iron breaks and smashes everything--and as iron breaks things to pieces, so it will crush and break all the others.

- 그 발가락이 얼마는 철이요 얼마는 진흙이며, 왕이 철과 진흙이 섞인 것을 보셨은즉 그들의 인종이 서로 섞일 것이나 합하지 못할 것이며 이 열왕의 때에 하나님이 한 나라를 세우리니 이것은 영원히 망하지 아니할 것이요 그 국권이 다른 백성에게 돌아가지 않고 영원히 설 것입니다. 단 2: 41-44)

  Just as you saw that the feet and toes were partly of baked clay and partly of iron, so this will be a divided kingdom; yet it will have some of the strength of iron in it, even as you saw iron mixed with clay. As the toes were partly iron and partly clay, so this kingdom will be partly strong and partly brittle. And just as you saw the iron mixed with baked clay, so the people will be a mixture and will not remain united, any more than iron mixes with clay. "In the time of those kings, the God of heaven will set up a kingdom that will never be destroyed, nor will it be left to another people. It will crush all those kingdoms and bring them to an end, but it will itself endure forever.

▣ 사드락, 메삭, 아벳느고의 믿음

- 느부갓네살 왕이 세운 신상에 절하라고 명령하고 만일 절하지 아니하는 자는 타는 불에 던져 넣겠다고 엄명함.(단 3:1-7)
- 우리하나님이 능히 풀무불 가운데서 우리를 건지실 것이요 왕의 손에서도 건져 내실 것이라. 그리 아니하실지라도 우리는 왕의 신들을 섬기지 아니할 것이요 왕이 만든 신상에 절하지 아니할 것입니다.(단 3:18).

  If we are thrown into the blazing furnace, the God we serve is able to save us from it, and he will rescue us from your hand, O king. But even if he does not, we want you to know, O king, <u>that we will not serve your gods or worship the image of gold you have set up</u>.

- 왕이 이들을 풀무불에 던지게 했으나 주님의 보호로 머리카락 하나 타지 않았음.

▣ 다니엘의 믿음

- 다리오 왕이 다니엘을 세 명 중 한 명의 총리로 삼았고 다니엘이 뛰어나므로 전국을 다스리게 함.
- 다니엘을 시기한 총리들과 방백들이 왕 이외의 그 어느 신이나 사람에게 구하지 못하게 금령을 내려서 다니엘을 고소함.
- 다니엘을 구원하려고 마음을 쓰던 왕도 다니엘을 사자 굴에 넣게 되었는데
  - "너의 항상 섬기시는 하나님이 너를 구원하시리다"고 말함. (단 6:11-16)
  - "살아계신 하나님의 종 다니엘아 네가 항상 섬기시는 하나님이 사자에게서 너를 능히 구원하셨느냐"고 물음.
  - "내 나라의 사람들은 다니엘의 하나님 앞에서 떨며 두려워할지니 그는 살아계신 하나님이요 영원히 변치 않으시고 그 나라는 망하지 아니할 것이며 그 권세는 무궁할 것이라. 그는 구원도 하시며 하늘과 땅에서 기적과 이사를 행하시는 분으로 다니엘을 사자의 입에서 벗어나게 하셨음이라(단 6:24-27).

▣ 다니엘의 환상

- 네 짐승에 대한 환상(단 7장)
  - 첫째 짐승은 사자: 바벨론 국 상징.
  - 둘째 짐승은 곰: 메대와 바사 (페르시아) 상징.
  - 셋째 짐승은 표범: 알렉산더 대왕의 헬라 제국 상징.
  - 넷째 짐승은 무섭고 놀라우며 극히 강하고 큰철 이가 있고 10뿔이 있음: 로마 제국 상징. 10뿔은 로마제국에서 일어날 10개국을 상징.
  - 10개국 이후 또 한나라가 일어남-적 그리스도 상징. 그가 지극히 높으신 자를 대적하며 성도를 괴롭게 하며 한 때와 두 대와 반 때가 지나 심판이 시작되면 권세를 빼앗기고 멸망 당함.
  - 나라와 권세와 온 천하 열국의 위세가 지극히 높은 자의 성도에게 넘어와 하나님의 나라가 영원히 도래함.

- 숫양과 숫염소 및 작은 뿔에 대한 환상(단 8장)
  - 두 뿔 가진 숫양-메대와 바사(페르시아)

▪ 털이 많은 숫염소-헬라 왕
▪ 네 뿔-알렉산더가 죽은 다음의 4명의 장군.

▣ 민족을 위한 다니엘의 기도(단9:1-19)

- 하나님을 사랑하고 계명을 지키는 자에게 언약을 지키시는 하나님, 우리민족이 주의 계명과 선지자들이 우리에게 말씀한 바를 지키지 아니하고 범죄하였습니다.
- 민족이 예루살렘에 있든지 다른 나라에 있든지 각처에서 수치를 당하고 있는데 이는 모세가 기록한 율법을 지키지 아니하고 범죄한 결과입니다.
- 주여 이제 주의 분노를 예루살렘과 주의 거룩한 성에서 떠나게 하소서.
- 주의 얼굴 빛을 황폐한 주의 성소에 비추시고 주의 눈으로 황폐한 주의 백성과 성읍을 돌아보소서.
- 주 앞에 간구하는 것은 우리의 의를 의지하는 것이 아니요 하나님의 큰 긍휼을 의지함입니다.
- 주여 들으시고 주여 용서하소서 주의 성과 주의 백성이 하나님의 이름으로 일컫는바 되오니 하나님 자신의 이름을 위해서라도 우리 백성을 구원해 주소서.

▣ 언어적 표현- 관계절

주절: 관계절+v	형용사절: 명사 + 관계절
목적절: V+관계절	부사절: 관계절, S+V 혹은 S+V, 관계절

▪ The rock that struck the statue became a huge mountain.(형용사절)
▪ Wherever they live, he has made you ruler over them all.(부사절)
▪ Just as you saw that the feet and toes were partly of baked clay and partly of iron, so this will be a divided kingdom. (목적절)
▪ the God of heaven will set up a kingdom that will never be destroyed, nor will it be left to another people.(형용사절)
▪ But even if he does not, we want you to know, O king, that we will not serve your gods or worship the image of gold you have set up. (목적절)

Quiz / Song

Q1. 다음 중 다니엘이 살았던 시절의 왕이 아닌 것은?

A) 느부갓네살 왕 .

B) 바로 왕.

C) 다리오 왕.

D) 고레스 왕.

Q2. 질문을 여기에 입력하십시오

1열 ·	2열
lion ·	A. 로마제국 상징.
bear ·	B. 알렉산더 대왕의 헬라 제국 상징.
leopard ·	C. 메대와 바사 (페르시아) 상징
four beast with ten horns ·	D. 바벨론 국 상징.

Q3. 다음의 관계절의 품사적 용법을 적으시오.(예, 주절, 목적절, 부사절)

- The rock that struck the statue became a huge mountain.(________)
- Wherever they live, he has made you ruler over them all.(________)
- Just as you saw that the feet and toes were partly of baked clay and partly of iron, so this will be a divided kingdom.(________)

♫ Song

Daniel

Daniel prayed to God each day And always did his best,

But wicked men who hated God Put Daniel to the test.

Daniel, Daniel, Daniel took his stand

I will be like Daniel And follow God's command.

9-3 요나

학습목표
- 요나는 어떤 인물이며 그를 통해 전달하고자 하는 하나님의 뜻을 생각해 본다.
- 언어적 표현을 정리한다. - 숙어

수업개요
- 요나(Jonah)
- 요나의 사명
- 요나의 불순종
- 불순종의 결과
- 물고기 뱃속에서 기도하는 요나
- 요나의 선교
- 니느웨 백성의 회개
- 요나의 불평
- 하나님의 사랑
- 언어적 표현
- 연습문제

요나(Jonah)

- "비둘기"라는 뜻.
- 아밋대의 아들
- 스불론 지파 땅이었던 가드 헤벨 출신.
- 여로보암 2세가 이스라엘 땅을 하맛 입구에서부터 아라바 바다까지 넓히게 될 것을 예언함(왕하 14:25).
- 요나가 물고기 뱃속에 있었던 사건에 대하여 예수님은 자신의 죽음을 예표한 사건으로 말씀하심(마 12:39-41).
- 하나님은 요나서를 통하여 이방인도 사랑하고 계심을 나타내고 있음.

요나의 사명

- 하나님은 니느웨 사람들의 악독이 심하여 저들을 심판하시겠다고 요나에게 말씀하시고 니느웨에 가서 하나님의 심판이 임박하였음을 전하라고 말씀하심. (욘 1:2)

  "Go to the great cityof Nineveh and preach against it, because its wickedness has come up before me."

• 니느웨

▪ 예루살렘에서 동쪽으로 약 800km이상 떨어진 티그리스강 유역에 위치한 앗수르의 수도

• 요나가 하나님의 낯을 피하여 욥바에서 배를 타고 가려고 했던 다시스

▪ 스페인 서남단 지브랄타 근처에 위치했던 곳으로 추정되고 있으며 예루살렘에서 서쪽으로 약 3,200km 이상 떨어져 있음.

▣ 요나의 불순종

• 요나는 니느웨 사람들이 심판 받는 것을 기쁘게 여기고 여호와의 낯을 피하여 욥바로 내려가 다시스로 가는 배를 탐.(욘1:3)

But Jonah ran away from the LORD and headed for Tarshish. He went down to Joppa, where he found a ship bound for that port. After paying the fare, he went aboard and sailed for Tarshish to flee from the LORD.

▣ 불순종의 결과

• 다시스로 가는 승선요금을 지불함(욘 1:3).

• 바다에 폭풍이 몰아침(욘 1:4).

• 바다에 폭풍이 일어났지만 요나는 배 밑창에 가서 깊은 잠이 들어 알지 못함.

• 선장으로부터 "자는 자여 어찜이뇨 네 하나님께 구하라 혹 하나님이 우리를 생각하사 망하지 않게 하시리라"라는 책망을 들음.(욘 1:6)

The captain went to him and said, "How can you sleep? Get up and call on your god! Maybe he will take notice of us, and we will not perish."

• 선원들이 폭풍이 누구로부터 온 재앙인지 제비를 뽑자 요나로 말미암은 것으로 제비가 뽑힘(욘 1:17).

• 요나는 선원들에게 자기는 히브리인으로 바다와 천지만물을 창조하신 하나님께 불순종하여 그 심판으로 폭풍이 부는데, 폭풍이 점점 더 심하므로 자신을 바다에 던지라고 요청함. (욘 1:8-12)

• 선원들이 하나님께 "요나 까닭에 우리를 멸망시키지 마옵소서 여호와께서는

주의 뜻대로 행하십니다"라 기도하고 요나를 바다에 던지자 바다가 잔잔해짐.(욘 1:14-15)

"O LORD, please do not let us die for taking this man's life. Do not hold us accountable for killing an innocent man, for you, O LORD, have done as you pleased."

- 하나님께서 큰 물고기를 준비시켜 요나를 삼키게 하시므로 요나는 물고기 뱃속에서 지냄(욘 1:17).

▩ 물고기 뱃속에서 기도하는 요나

- 내가 받는 고난을 인하여 하나님을 부르니 하나님이 응답하시고 스올의 뱃속(죽음의 문턱)에서 부르짖어도 주님은 내 음성을 들으십니다.(욘 2:2)

  "In my distress I called to the LORD, and he answered me. From the depths of the grave I called for help, and you listened to my cry.

- 주님이 나를 깊은 바다로 던지시고 내가 주님께 쫓겨났을지라도 주님의 성전을 바라봅니다.(욘 2:3-4)

  You hurled me into the deep, into the very heart of the seas, and the currents swirled about me; all your waves and breakers swept over me. I said, 'I have been banished from your sight; yet I will look again toward your holy temple.'

- 물이 내 영혼까지 가두고 바다 풀이 내 머리를 둘러싸고, 내가 산의 뿌리까지 내려가 땅이 빗장으로 영원히 막아도 주님은 내 생명을 구덩이에서 건지셨습니다.(욘 2:5-6)

  The engulfing waters threatened me, the deep surrounded me; seaweed was wrapped around my head. To the roots of the mountains I sank down the earth beneath barred me in forever. But you brought my life up from the pit, O LORD my God.

- 내가 감사로 주님께 제사를 드리며 내 서원을 주님께 갚겠습니다. 구원은 주님으로 오는 것을 믿습니다.(욘 2:9)

But I, with a song of thanksgiving, will sacrifice to you. What I have vowed I will makegood. Salvation comes from the LORD."

- 하나님은 요나의 기도를 들으시고 물고기에게 요나를 육지에 토하게 하심 (욘 2:10).

요나의 선교

- 하나님이 요나에게 다시 니느웨로 가서 여호와의 심판을 전하도록 말씀하자 (욘 3:1-2)
- 요나는 말씀대로 3일간 여행하여 니느웨 성에 들어가 하루종일 "40일이 지나면 하나님이 니느웨를 심판할 것임"을 선포함.(욘 3:3-4)

  Jonah obeyed the word of the LORD and went to Nineveh. Now Nineveh was a very important city--a visit required three days. On the first day, Jonah started into the city. He proclaimed: "Forty more days and Nineveh will be overturned."

니느웨 백성의 회개

- 니느웨 백성이 하나님을 믿고 금식을 선포하며 굵은 베를 입고 회개하자 이 소문이 왕에게도 전해짐.(욘 3:5-6).
- 니느웨 왕도 베옷을 입고 재에 앉아 신하와 더불어 "사람이나 짐승이나 소 떼나 양 떼나 아무 것도 먹지도 마시지도 못하게 하고 굵은 베옷을 입고 하나님께 부르짖으며 각기 악한 길과 손으로 행한 강포에서 떠나라. 혹 하나님이 뜻을 돌이켜 진노를 멈추시고 우리로 멸망치 않게 하시리라" 라고 조서를 내림. (욘 3:6-9)

  "But let man and beast be covered with sackcloth. Let everyone call urgently on God. Let them give up their evil ways and their violence. Who knows? God may yet relent and with compassion turn from his fierce anger so that we will not perish."

▣ 요나의 불평

- 하나님은 니느웨 백성들이 악을 버리며 회개기도를 드리자 뜻을 돌이키시고 재앙을 내리지 않으심.(욘 3:10)
- 요나는 니느웨가 멸망하는 것을 원하였으나 하나님이 재앙을 내리지 않으시자 왜 약속을 지키지 않느냐 하며 "사는 것보다 죽는 것이 좋사오니 내 생명을 취하소서"라고 하나님께 불평함(욘 4:1-3).

  But Jonah was greatly displeased and became angry. He prayed to the LORD, "O LORD, is this not what I said when I was still at home? That is why I was so quick to flee to Tarshish. I knew that you are a gracious and compassionate God, slow to anger and abounding in love, a God who relents from sending calamity. Now, O LORD, take away my life, for it is better for me to die than to live."

▣ 하나님의 사랑

- 요나가 박넝쿨을 의지하여 햇빛을 피하며 기뻐하자 벌레로 박넝쿨을 씹게 하여 시들게 하심.
- 해사 요나에게 비추므로 요나가 곤비하여 하나님께 죽기를 청하자 하나님은 요나에게 "하룻밤에 났다가 하룻밤에 시드는 박넝쿨을 네가 사랑하거늘 니느웨 성에는 앞뒤를 분간 못하는 사람이 12만명인데 이들을 사랑하는 것이 당연하다고"고 말씀하심(욘 4:5-11).

  But the LORD said, "You have been concerned about this vine, though you did not tend it or make it grow. It sprang up overnight and died overnight. But Nineveh has more than a hundred and twenty thousand people who cannot tell their right hand from their left, and many cattle as well. Should I not be concerned about that great city?"

▩ 언어적 표현- 숙어

run away from	~로부터 벗어나다.
head for	~로 향하다.
flee from	~로부터 피하다.
take notice of	~에 주의하다. 알아 차리다.
Get up and call on	일어나서 신의 가호를 빌다.
die for	~을 위해 죽다.
call for	~을 요구하다. 청하다.
listen to	~을 듣다.
banish from	~로부터 추방하다.
sink down	가라앉다.
sacrifice to	~에 희생하다.
be covered with	~으로 싸여진
turn from	~을 그만두다. 버리다.
flee to	~으로 피신하다.
be concerned about	~을 근심하다.

Quiz / Song

Q1. 다음 중 요나에 해당하지 않는 내용은?

A) "비둘기"라는 뜻.

B) 아밋대의 아들.

C) 스불론 지파 땅 출신.

D) 이방인을 배척함.

Q2. 빈칸을 채워서 밑에 있는 문장을 완성하십시오.(전치사)

- But Jonah ran away ________ the LORD.
- Maybe he will take notice ________ us, and we will not perish.
- Get up and call ________ your god.
- From the depths of the grave I called ________ help.
- To the roots of the mountains I sank ________.

- I will sacrifice ________ you.
- But let man and beast be covered ________ sackcloth.
- Should I not be concerned ________ that great city?

♫ Song

Jonah

Come and listen to my fearful tale Of the ocean blue,

How a man got swallowed by a whale Yes, I know it's true.

Jonah, Jonah, Did not obey God immediately

Jonah, Jonah, Down in the depths of the deep blue sea!

PART 10

10-2 요한

학습목표	• 요한은 어떤 인물이며 그를 통해 전달하고자 하는 하나님의 뜻을 생각해 본다. • 언어적 표현을 정리한다. - 부정사
수업개요	• 세례 요한(John) • 요한에 대한 신약의 기록 • 요한의 사역과 이스라엘 백성에 대한 가르침 • 요한의 예수님에 대한 증거 • 요한에 대한 예수님의 증거 • 요한과 예수님과의 간접대화 • 요한의 순교 • 언어적 표현 • 연습문제

세례 요한(John)

- '주님은 은혜로우시다'의 뜻.
- 세례 요한의 출생에 대한 예언.
  - 외치는 자의 소리여…우리 하나님의 길을 평탄케 하라(사 40:3-5).
  - 그(세례요한)가 내 앞에서 길을 예비할 것이요(말 3:1).
- 출생 과정(눅 1장)
  - 부친: 아비야 반열의 제사장 사가랴
  - 모친: 아론의 자손 엘리사벳
  - 사가랴가 성소에 들어가 분향할 때에 주의 사자 가브리엘이 사가랴에게 나타나 요한 의 출생을 예고.
  - 사가랴는 이를 믿지 않아 요한이 태어날 때까지 벙어리가 됨.
  - 엘리사벳이 가브리엘 천사의 말대로 잉태한지 여섯째 달에 가브리엘 천사는 마리아에게 예수님의 잉태를 예고함.

요한에 대한 신약의 기록

- 하나님께로부터 보내심을 받은 사람이요(요 1:6).

There came a man who was sent from God; his name was John.

- 빛에 대하여 증거한 사람(요 1:7)

  He came as a witness to testify concerning that light, so that through him all men might believe.

- 주의 백성에게 예수님의 죄사함으로 말미암는 구원을 알게 할 사람(눅 1:77).

  to give his people the knowledge of salvation through the forgiveness of their sins,

- 아무 표적도 행치 아니하였으나 '예수님이 그리스도이심'을 바로 증거하여 많은 사람에게 예수님을 믿게 한 사람(요 10:40-42).

  Then Jesus went back across the Jordan to the place where John had been baptizing in the early days. Here he stayed and many people came to him. They said, "Though John never performed a miraculous sign, all that John said about this man was true." And in that place many believed in Jesus.

- 예수님은 흥해야 하고 자신은 쇠하여야 한다고 말한 겸손한 사람(요 3:27-30).

  He must become greater; I must become less.

- 낙타털을 입고 허리에 가죽띠를 띠고 음식은 메뚜기와 석청을 먹으며 생활한 검소한 사람(마 3:4).

  John's clothes were made of camel's hair, and he had a leather belt around his waist. His food was locusts and wild honey.

- 종교 지도자나 권력 앞에서도 두려움이 없는 사람(마 3:7-12, 14:3-4).

  Now Herod had arrested John and bound him and put him in prison because of Herodias, his brother Philip's wife, for John had been saying to him: "It is not lawful for you to have her."

- 의롭고 거룩한 사람(막 6:20).

  because Herod feared John and protected him, knowing him to be a righteous and holy man. When Herod heard John, he was greatly puzzled; yet he liked to listen to him.

▣ 요한의 사역과 이스라엘 백성에 대한 가르침.

- 하나님 나라의 도래와 회개를 촉구함(마 3:2).
- 예수님의 길을 예비하고 그의 길을 평탄케 하였음(막 1:3).
- 이스라엘 백성이 예루살렘과 온 유대와 요단강 사방에서 요한에게 나아와 자신의 죄를 자복하고 요단강에서 회개의 침례를 받음(마 3:5-6, 11).
- 바리새인과 사두개인에게 (마 3:7-12)

▪ "독사의 자식들아 누가 너희를 가르쳐 임박한 진노를 피하라 하드냐. 회개에 합당한 열매를 맺고 속으로 아브라함이 우리 조상이라 말하지 말라"고 책망함.

But when he saw many of the Pharisees and Sadducees coming to where he was baptizing, he said to them: "You brood of vipers! Who warned you to flee from the coming wrath? Produce fruit in keeping with repentance. And do not think you can say to yourselves, 'We have Abraham as our father.' I tell you that out of these stones God can raise up children for Abraham.

▪ 자신은 이스라엘 백성에게 '회개의 세례'를 베풀지만 예수님께서는 '성령과 불로서 세례'를 베풂.

- 세례를 받으러 오는 무리에게 (눅 3:7-14)

▪ "옷 두벌 있는 자, 먹을 것이 있는 자는 없는 자에게 나누어 줄 것이며, 세무 공무원은 법에서 정한 세금만 거둘 것이요, 군인은 사람들에게 강포하지 말며 거짓 고소하지 말며 주는 급료에 만족하라."

▪ "What should we do then?" the crowd asked. John answered, "The man with two tunics should share with him who has none, and the one who has food should do the same."

▪ Tax collectors also came to be baptized. "Teacher," they asked, "what should we do?" "Don't collect any more than you are required to," he told them.

▪ Then some soldiers asked him, "And what should we do?" He replied, "Don't extort money and don't accuse people falsely--be content with your pay."

▣ 요한의 예수님에 대한 증거

- 보라 세상 짐을 지고 가는 하나님의 어린양이로다(요 1:29).
- 나도 그를 알지 못하였으나 성령이 말씀하시되 "성령이 내려서 누구에게 임하는 것을 보거든 그가 성령으로 세례를 주는 그리스도인줄 알라" 하였기에 내가 보고 예수님이 하나님의 아들이심을 증거 하였노라(요 1:31-34).
- 내가 전에 내 뒤에 오는 사람이 나보다 앞선 것은 그가 나보다 먼저 계심이라 말한 것이 예수님을 가리킴이라(요 1:30).
- 율법은 모세로 말미암아 주신 것이요 은혜와 진리는 예수 그리스도로 말미암아 온 것이라.(요 1:17)
- 나는 이사야 선지자의 말과 같이 주의 길을 곧게 하라고 보냄을 받은 광야에서 외치는 소리로다(요 1:17).
- 나는 물로 세례를 주거니와 예수님은 불과 성령으로 세례를 주시리라(막 1:8, 요 1:26, 33).
- 나는 예수님의 신발 끈을 풀어드릴 자격도 없다(요 1:27).
- 나는 그리스도가 아니며 그의 앞에 보내심을 받은 자로, 그는 흥하여야 하겠고 나는 쇠하여야 하리라.(요 3:28, 30)
- 예수님께서 갈릴리에서 요단강에 이르러 요한에게 침례를 받으려 하시자, 요한이 "내가 당신에게 침례를 받아야 하는데 당신이 내게로 오십니까" 말함.
- 예수님은 모든 의를 이루기 위해 침례를 행하도록 하신 후 침례를 받으시고 물위에 오르시자 하늘로서 비둘기 같은 성령이 임하며 "이는 내 사랑하는 아들이요 내 기뻐하는 자라"는 하나님의 말씀이 임함(마 3:13-17).
- "요한은 자신의 길을 예비한 선지자로 그 어떤 선지자보다 나은 자며 여자가 낳은 자 중에 요한 보다 큰 자가 없다. 그러나 천국에서는 극히 작은 자라도 저보다 크다(마 11:7-11)."

  Jesus began to speak to the crowd about John: …I tell you, and more than a prophet. This is the one about whom it is written: "'I will send my messenger ahead of you, who will prepare your way before you.' I tell you the truth: Among those born of women there has not risen anyone greater than John the Baptist; yet he who is least in the kingdom of heaven is greater than he.

- 모든 선지자와 및 율법의 예언한 것은 요한의 때까지 예언되었다(마 11:13).
- 말라기 4:6에 오리라 한 엘리야가 바로 이 사람 요한이다(마 11:14).
- 세례 요한의 때부터 지금까지 천국은 침노를 당하노니 침노하는 자는 빼앗느니라(마 11:12).

From the days of John the Baptist until now, the kingdom of heaven has been forcefully advancing, and forceful men lay hold of it.

▣ 요한과 예수님과의 간접대화

- 감옥에 갇힌 요한과 예수님의 간접 대화(마 11:2-6)
- "너희가 가서 듣고 보는 것을 요한에게 알리라 '소경이 보며 앉은 뱅이가 걸으며 문둥이가 깨끗함을 받으며 귀머거리가 들으며 죽은 자가 살아나며 가난한 자에게 복음이 전파된다'하라 하시고 누구든지 나를 인하여 실족하지 아니하는 자는 복이 있다."고 말씀하심.

Jesus replied, "Go back and report to John what you hear and see:The blind receive sight, the lame walk, those who have leprosy are cured, the deaf hear, the dead are raised, and the good news is preached to the poor. Blessed is the man who does not fall away on account of me."

▣ 요한의 순교

- 요한의 투옥과 순교
- 세례요한은 분봉왕 헤롯이 그 동생의 아내 헤로디아를 취함이 옳지 않다고 책망함.
- 헤롯은 그를 잡아 옥에 가두고 죽이려 하였으나, 백성들이 저를 선지자로 여기므로 죽이지 못함.

- 헤롯은 자신의 생일 축하연을 하던 중 헤로디아의 딸이 춤을 추어 헤롯을 기쁘게 하자 소원을 들어 주겠다고 하니 요한의 머리를 원함.
- 요한이 순교하자 요한의 제자들은 그의 시체를 가져다가 장사하고 예수님께 알림.

언어적 표현- 부정사

형태	To + V의 원형
명사적 용법	▪ It is not lawful for you to have her.
주어	▪ To see is to believe.
보어	▪ Yet he liked to listen to him.
목적어	▪ Jesus began to speak to the crowd about John
목적보어	▪ Because Herod feared John and protected him, knowing him to be a righteous and holy man.
부사적 용법	▪ He came as a witness to testify concerning that light

Quiz / Song

Q1. 요한에 대한 구절이 아닌 것은?

A) 빛에 대하여 증거한 사람 .

B) 자신은 흥해야 한다고 말한 자신감 있는 사람 .

C) 하나님께로부터 보내심을 받은 사람이요.

D) 의롭고 거룩한 사람.

Q2. 요한의 예수님에 대한 증거가 아닌 것은?

A) 물로 세례를 줌.

B) 세상 짐을 지고 가는 하나님의 어린양 .

C) 은혜와 진리는 그로 말미암아 온 것임.

D) 이는 내 사랑하는 아들이요 내 기뻐하는 자라

Q3. 문법적 구성성분(주어, 목적어, 목적보어, 보어) 혹은 품사 (동사, 형용사, 부사)를 말하시오.

- He came as a witness to testify concerning that light. ________
- It is not lawful for you to have her. ________
- Because Herod feared John and protected him, knowing him to be a righteous and holy man. ________
- Yet he liked to listen to him. ________
- To see ________ is to believe. ________

♫ Song

Good News

Good news! Good news! Christ died for me.

Good news! Good news! If I believe;

Good news! Good news! I'm saved eternally.

That's wonderful extra good news.

10-3 예수님

학습목표	• 예수님은 어떤 인물이며 그를 통해 전달하고자 하는 하나님의 뜻을 생각해 본다. • 언어적 표현을 정리한다. - 동명사
수업개요	• 예수님의 탄생 • 예수님의 성장 • 예수님은 누구인가? • 예수님의 3대 직무 • 예수님의 사역 • 언어적 표현 • 연습문제

▣ 예수님의 탄생

- 예수님의 동정녀 탄생은 이사야 7:14에, 태어나실 장소 베들레헴은 미가서 5:2에 예언되었으며 탄생의 내용은 마태복음 1:18-25 및 누가복음 1:26-2:7에 기록됨.
- 예수님은 마리아가 정혼한 요셉과 동거하기 전 성령으로 잉태되어 탄생하심(마 1:18-25).
- 예수님이 탄생하실 때 동방박사들이 예수님의 별을 보고 베들레헴에 가서 구유에 누우신 아기 예수께 황금과 유향과 몰약을 예물로 드림(마 2:1-12).
- 아기 예수는 할례 할 8일이 되었을 때 천사가 전해준 대로 이름을 예수라 이름함(눅 2:21).
- 요셉과 마리아 및 아기 예수는 헤롯 왕을 피해 애굽으로 이주했다가 왕이 죽은 후 이스라엘 땅 나사렛에 돌아와 예수님은 이곳에서 성장함(마 2:13-23).
- 아기 예수는 자라면서 강하여 지고 지혜가 충족하며 하나님의 은혜가 함께 함.

▣ 예수님의 성장

■ 유년기

- 예수님의 부모는 유월절이면 매년 예루살렘에 아기 예수를 데리고 감.

- 예수님이 12세 때 부모는 그 일행과 함께 예루살렘에서 나사렛으로 돌아감.
- 예수님은 예루살렘에 머물러 성전에서 선생들 중에 앉아 저희의 말을 듣기도 하고 묻기도 하셨는데 이들은 예수님의 지혜와 대답을 기이하게 여김.(눅 2:41-51).
- 예수님은 지혜와 키가 자라가며 하나님과 사람에게 더 사랑스러워 감(눅 2:52).

■ 세례

- 예수님은 공생애를 시작하시면서 갈릴리에서 요단강에 이르러 세례요한에게 세례를 받으심.
- 하늘이 열리고 하나님의 성령이 비둘기같이 예수님 위에 임하며 하나님이 "이는 내 사랑하는 아들이요 내 기뻐하는 자라하셨다(마 3:13-17, 눅 3:21-22)."

예수님은 누구인가?

- 예수님은 그리스도요 하나님의 아들(마 16:16, 요 3:16, 행 5:42).
  "You are the Christ, the Son of the living God."
- 보이지 아니하는 하나님의 형상이요 모든 창조물보다 먼저 계신 분(골 1:15).
  He is the image of the invisible God, the firstborn over all creation.
- 천지를 창조하신 분(창 1:1, 요 1:1-3, 골 1:16).
- 성육신(Incarnation)하신 분(요 1:14)
  The Word became flesh and made his dwelling among us. We have seen his glory, the glory of the One and Only, who came from the Father, full of grace and truth
- 동정녀에게서 탄생하신 분(사 7:14, 마 1:18-25).
- 육신으로 아브라함과 다윗의 후손(마 1:1).
- 하나님이 하시는 일을 보거나 듣지 않고는 아무것도 스스로 할 수 없다고 말씀하시며 하나님의 원대로 심판하시는 분(요 5:19-30).
- 하나님의 본체시나 십자가에서 죽기까지 자기를 낮추시고 복종하신 분(빌 2:6-8).
- 참 하나님이시며 영생(요일 5:20).
- 하나님의 영광의 광채이며 그 본체의 형상(히 1:3).
  The Son is the radiance of God's glory and the exact representation of

his being,

- 능력의 말씀으로 만물을 붙드시며 죄를 정결케 하시고 하나님의 우편에 앉으신 분(히 1:3).

  sustaining all things by his powerful word. After he had provided purification for sins, he sat down at the right hand of the Majesty in heaven.

- 하나님으로부터 '너는 내 아들이라 내가 너를 낳았다'(시 2:7)는 말씀과 '나는 그의 아버지가 되고 그는 내게 아들이 되리라'(시 89:26-27)는 말씀을 들으신 분(히 1:4-5).
- 알파와 오메가이며 시작과 끝이며 지금도 살아 계시고 전에도 계셨고 장차 오실 분으로 전능하신 분(계 1:8, 21:6).

  "I am the Alpha and the Omega," says the Lord God, "who is, and who was, and who is to come, the Almighty."

- 만왕의 왕이요 만주의 주(계 19:16).

  On his robe and on his thigh he has this name written: KING OF KINGS AND LORD OF LORDS.

- 그리스도는 하나님의 능력과 지혜(고전 1:24).
- 하나님으로부터 하늘과 땅의 모든 권세를 받으신 분(마 28:18).

  Then Jesus came to them and said, "All authority in heaven and on earth has been given to me.

- 인간의 죄를 사해 주는 권세를 가지신 분(막 2:12).
- 죄를 없게 하실 분(요일 3:5).
- 보혜사 즉 진리의 성령을 보내신 분(요 15:26).

  When the Counselor comes, whom I will send to you from the Father, the Spirit of truth who goes out from the Father, he will testify about me.

- 예수님은 하나님께 들으신 것을 우리에게 알려 주시기 위하여 우리를 친구라 부르셨다. 즉 예수님은 우리의 친구가 되시는 분(요 15:15).

  I no longer call you servants, because a servant does not know his master's business. Instead, I have called you friends, for everything that I learned from my Father I have made known to you.

- 예수님은 참 포도나무, 우리는 그의 가지임(요 15:1-5).
- 예수님은 우리의 신랑이 되시는 분(마 25:1-13).
- 예수님은 길과 진리와 생명이시며 우리를 자유케 하시는 분(요 14:6, 8:32) Jesus answered, "I am the way and the truth and the life. No one comes to the Father except through me.
- 예수님은 부활이요 생명이 되시는 분(요 11:25-26) Jesus said to her, "I am the resurrection and the life.
- 사망의 권세를 이기시고 부활하신 분(마 28:1-10, 막 16:6, 요 11:25-26, 고전 15:1-8).
- 재림하실 분(행 1:11)

▩ 예수님의 3대 직무

■ 선지자 (요 14:6, 4:19)

- 예수께서 이르시되 내가 곧 길이요 진리요 생명이니 나로 말미암지 않고는 아버지께로 올 자가 없느니라
- Jesus answered, "I am the way and the truth and the life. No one comes to the Father except through me.
- 여자가 이르되 주여 내가 보니 선지자로소이다
- "Sir," the woman said, "I can see that you are a prophet.

■ 제사장(롬 8:1-2, 히 2:17, 3:1, 4:14-16)

- 그러므로 이제 그리스도 예수 안에 있는 자에게는 결코 정죄함이 없나니 이는 그리스도 예수 안에 있는 생명의 성령의 법이 죄와 사망의 법에서 너를 해방하였음이라
- Therefore, there is now no condemnation for those who are in Christ Jesus, because through Christ Jesus the law of the Spirit of life set me free from the law of sin and death.

■ 왕(마 28:18, 요 1:49, 고전 15:24-26, 요일 3:8, 계 19:16)

- 예수께서 나아와 말씀하여 이르시되 하늘과 땅의 모든 권세를 내게 주셨으니
  Then Jesus came to them and said, "All authority in heaven and on earth has been given to me.
- 나다나엘이 대답하되 랍비여 당신은 하나님의 아들이시요 당신은 이스라엘의 임금이로소이다.
  Then Nathanael declared, "Rabbi, you are the Son of God; you are the King of Israel."
- 그 후에는 마지막이니 그가 모든 통치와 모든 권세와 능력을 멸하시고 나라를 아버지 하나님께 바칠 때라 그가 모든 원수를 그 발 아래에 둘 때까지 반드시 왕 노릇 하시리니 맨 나중에 멸망 받을 원수는 사망이니라
  Then the end will come, when he hands over the kingdom to God the Father after he has destroyed all dominion, authority and power. For he must reign until he has put all his enemies under his feet. The last enemy to be destroyed is death.

▣ 예수님의 사역

- 천국복음의 전파
- 12제자의 선택
- 모든 병과 약한 것의 치료
- 사탄과의 싸움
- 말씀전차
- 기도의 모범
- 기도와 응답
- 비유의 말씀

언어적 표현- 동명사

형태	V + ing
주어	• Reading English is easier than speaking it.
보어	• His hobby is collecting stamps.
목적어	• The Word became flesh and made his dwelling among us.
전치사의 목적어	• I regret his having failed in the business. • I'm tired of being treated like a child.
형용사의 보어	• The children were busy building sand castles.

Quiz / Song

Q1. 예수님에 대한 내용이 아닌 것은?

A) 동정녀 탄생

B) 베들레헴에서 탄생

C) 마리아와 요한 사이에서 태어남.

D) 나사렛에서 자람.

Q2. 예수님에 대한 내용이 아닌 것은?

A) 그리스도요 하나님의 아들

B) 만왕의 왕이요 만주의 주

C) 보혜사 즉 진리의 성령을 보내신 분

D) 우리를 구분하시는 분

Q3. 문장내 동명사의 문장 구성성분(주어, 목적어, 보어, 전치사의 목적어, 형용사의 보어)을 적으시오.

- Reading English is easier than speaking it. ________
- His hobby is collecting stamps. ________

- The Word became flesh and made his dwelling among us. ________
- I regret his having failed in the business. ________
- I'm tired of being treated like a child. ________
- children were busy building sand castles. ________

♫ Song

Christmas Day

Jesus was born on Christmas Day! Glad and happy day!

Jesus was born on Christmas Day; "Thank you, God," we say.

Jesus, Our Friend

When Jesus was a baby boy He slept upon the hay,

And then He grew and worked and played Each glad and happy day.

He helped his mother in the home, He played like you and me;

And every day He did obey: A happy boy was He.

Dear Jesus is the children's Friend; He held them on His knee;

He took them in His arms and said, "Let children come to me."

PART 11

11-2강 예수님의 기적
-치료하는 여호와

11-2 예수님의 기적

학습목표
- 예수님은 어떤 놀라운 일들을 하셨는지 알아본다.
- 언어적 표현을 정리한다. - 일치

수업개요
- 병의 종류
- 병은 누구로부터 어떻게 왜 찾아오는가
- 치료방법
- 말씀과 기도에 의한 치료
- 기도와 순종과 믿음으로 치료 받은 성경의 인물과 사례들
- 신유의 은사와 안수기도
- 언어적 표현
- 연습문제

병의 종류

■ 영적인 병

- 인간은 아담과 하와가 범한 원죄로 인하여 태어날 때부터 죄를 안고 태어났기 때문에 인간의 영은 병들어 있는 즉 잠자고 있는 죽은 상태임(시 51:5).
- 영이 잠자는 상태에서 깨어나는 방법은 우리의 마음이 '예수님은 그리스도요 살아 계신 하나님의 아들임을 믿고 예수님이 나를 위하여 십자가에서 속죄의 피를 흘리셨다'는 사실을 믿으면 우리 마음 안에 있는 영이 살아나지만 이를 믿지 못하면 그 사람의 영은 병들어 있는 것임.(롬 10:10)

■ 마음의 병

- 사탄이 인간의 생각 속에 하나님을 대적하는 마음을 품게 함.(롬 1:28-32, 8:7)
- 인간은 총명이 어두워지고 무지함과 마음의 굳어짐으로 하나님을 떠나게 됨.(엡 4:18)
- 인간의 마음은 모든 만물보다 거짓되고 부패함.(렘 17:9)
- 하나님을 사랑하기보다 세상을 더 사랑함.(딤 6:10, 딤후 3:1-4).
- 온갖 욕심이 잉태하여 죄를 낳고 죄가 장성하여 사망을 낳고 있음.(약 1:15)
- 영의 지배를 받고 있는 마음은 자기가 죽은 다음에 지옥 형벌이 기다리고

있는 것을 무의식 중에 알고 있기 때문에 인간의 마음에는 죽음에 대한 두려움과 인생의 삶에 대한 온갖 걱정, 근심, 초조, 불안, 미움, 시기, 질투, 음란, 악독 등이 가득하게 됨.(마 11:28, 요 14:1-3, 롬 5:12-14, 7:15-24, 8:6-8, 딤후 1:7, 골 3:5-11)

- 인간의 마음의 병은 하나님의 은혜로 치료됨.(고전 2:11, 살전 5:23, 출 15:26)

■ 육신의 병

- 육신의 병은 영적으로 잘못되어 오는 병과 마음의 상함으로부터 오는 병과 의학적인 병이 있음.

▣ 병은 누구로부터 어떻게 왜 찾아오는가

■ 하나님으로부터

- 병은 하나님의 말씀을 듣지 아니하고 하나님 보시기에 악을 행하며 계명과 율례를 지키지 아니할 때 찾아 옴(출 15:26)
- 인생의 방향이 하나님과 일치하지 않을 때 찾아옴.
  - 사도 바울은 예수님을 믿는 성도를 잡아 옥에 가두기 위하여 다메섹으로 가던 도중 예수님을 만나 인생의 방향이 바꾸어짐-바울은 3일간 앞을 못보는 질병이 생겨 아나니아의 안수로 눈에서 비늘 같은 것이 떨어져 다시 보게 됨.(행 9:1-22).

- 지도자가 잘못하는 경우 하나님은 그 백성에게 질병의 채찍을 들으실 때가 있음.
  - 다윗 왕은 인구조사를 실시하여 하나님을 의지하기 보다 자신의 군대를 의지하려는 마음을 가졌던 잘못으로 하나님이 이스라엘 백성에게 3일간 온역이 역사하게 하셔서 7만명이 죽음(삼하 24:1-25, 대상 21:1-30).

- 병은 하나님의 영광을 위하여 찾아오는 경우도 있음.
  - 소경으로 태어난 자를 예수님이 치료하시며 하나님께 영광을 돌림.(요 9장)

■ 사탄으로 말미암아

- 사탄이 욥의 번성을 시기하여 하나님으로부터 허락을 받아 욥에게 재난과

질병을 있게 함.(욥 1:6-2:10)

- 사탄은 인간의 마음에 하나님을 대적케 하여 죽음에 대한 두려움이 생기게 하고 인생의 앞날에 지나친 근심, 걱정, 불안, 초조, 시기, 미움, 질투, 분노 등을 일으켜 우리의 몸 안에 저항력을 상실케 하여 각종 질병을 유발함.

■ 의학적인 병

- 의학적인 병의 원인으로는 병원균에 의한 질병, 사고로 찾아온 질병, 몸이 쇠약해져 찾아오는 질병 등이 있으며 선천적인 질병도 있음.

■ 마음의 상함으로

- 현대의학은 많은 질병의 원인으로 스트레스를 지적함.
- 내가 남보다 더 잘되어야겠다는 야망, 성공해서 잘 살아야겠다는 욕심, 돈을 많이 벌어 마음대로 소비하며 살고자 하는 야욕, 일에 대한 부담, 질병에 대한 근심과 걱정, 다른 사람과 다투거나 남을 시기하거나 미워하기 때문에 생기는 분노, 이로 인한 화병 등 질병을 야기하는 스트레스의 원인은 너무 많음.
- 마음에 근심이 생기는 것은 사탄의 역사이므로 스트레스에 의한 병의 근본적인 원인은 사탄에 의한 것임.

■ 귀신으로 말미암아

- 수로보니게 여인의 딸에게 흉악한 귀신이 들자 그 딸은 질병에 걸림.(마 15:21-28).
- 믿음이 연약한 어떤 사람의 아들에게 귀신이 들자 그는 어려서부터 간질병에 걸림.(막 9:14-29)
- 귀신 들린 사람에게도 복음을 전하면서 예수 그리스도의 이름으로 귀신을 쫓아내어 그들을 주님께 인도해야 함.

치료방법

■ 하나님으로부터 찾아온 병

- 행위의 잘못으로 인한 징벌로서의 병은 철저한 회개기도를 통하여 치료됨.
- 다윗 왕의 인구조사에 대하여 하나님이 백성에게 온역을 내리는 천사를 보내자 다윗 왕은 즉시 "하나님이여 나는 범죄하였고 악을 행하였사오니 내

백성을 살려주시고 주의 손으로 나와 내 아비의 집을 치소서"(삼하 24:17) 라며 회개기도를 드리고 하나님께 번제와 화목제를 드렸더니 하나님이 들으시고 이스라엘에 내리셨던 재앙을 멈추심(삼하 24:25).

- 하나님과 방향이 맞지 않아 찾아온 질병은 방향을 바꾸어야 치료됨.
  - 예수님을 그리스도로 영접해야 하는 사람이 믿음을 갖지 않는 경우 질병이 찾아오는데 이때는 병원에서 치료할 수 없고 오직 예수님을 구세주로 영접하고 기독교인이 되면 하나님께서 질병을 치료해 주심.(사도바울의 예)
- 주님께서 예비하신 특별한 사명의 길(목회자, 선교사 등)을 외면하는 성도에게 하나님이 질병 또는 인간의 힘으로 해결할 수 없는 고난을 주시는데 이때는 사명자의 길로 들어서야 문제가 해결됨.

■ 사탄으로 말미암은 병

- 철저한 회개 기도 또는 이웃을 위하여 기도할 때
  - 욥이 하나님께 "내가 스스로 한하고 티끌과 재 가운데 회개합니다"(욥 42:6)라며 회개기도를 드리면서 그 벗들을 위하여 기도하자 하나님이 욥의 곤경을 돌이키시고 그 전소유보다 갑절을 주시며 복을 베푸심. (욥 42:10)
- 사탄이 우리의 생각에 남을 미워하며 앞일에 대한 근심과 걱정 등으로 마음을 상하게 하거나 또는 시기, 질투, 싸움, 다툼, 분노 등으로 스트레스를 받으면 인간의 심령이 메말라져 우리의 몸에 질병이 찾아 오는데 이 때는 하나님께 회개기도를 드리고 마음속에 간직한 미움, 분노 등을 풀어내야 질병에서 해방됨.
  - 너희 죄악이 너희와 하나님 사이를 내었고 너희 죄로 인하여 하나님은 너희 기도를 듣지 않으시느니라.(사 59:1-3)
  - 네가 땅에서 무엇이든지 매면 하늘에서도 매일 것이요 네가 땅에서 무엇이든지 풀면 하늘에서도 풀리리라.(마 16:19)

■ 마음에 상함으로부터 찾아온 병

- 마음의 상함 즉 스트레스에 의한 병은 무엇보다 '마음의 즐거움'을 찾는 것이 치료의 지름길임.
  - 마음의 즐거움은 양약이라도 심령의 근심은 뼈로 마르게 함(잠 17:22).

- 사람의 심령은 병을 능히 이기지만 심령이 상하면 그것을 누가 치료할 수 있겠는가(잠 18:14).
- 사도 요한도 그의 서한에서 네 영혼이 잘됨 같이 네가 범사에 잘되고 강건하기를 내가 간구한다고 기록함.
- 하나님은 마음이 즐거우면 모든 병을 이길 수 있도록 우리의 몸을 창조하심(요삼 1:2)

■ 귀신으로 말미암은 병

- 근본적인 치료를 위하여는 성령의 권능을 받은 주의 종(목회자) 또는 믿음의 성도가 예수 그리스도의 이름으로 귀신을 쫓아내야 건강을 되찾게 됨(막 16:17).

■ 의학적인 병

- 의학적인 처방에 하나님의 도우심을 간구하는 믿음의 기도가 신속한 치료에 필수적임(시 127:1, 요 15:7).

말씀과 기도에 의한 치료

■ 하나님의 은혜

- 말씀에 순종하면 애굽사람에게 내린 모든 질병의 하나도 너희에게 내리지 아니하리니 나는 치료하는 여호와임이니라(출 15:26).
- 하나님께 징계받는 자에게는 복이 있나니 하나님은 아프게 하시다가 싸매시며 상하게 하시다가 그 손으로 고치시나니(욥 5:17-21).
- 내 영혼아 여호와를 송축하라. 저가 네 모든 죄악을 사하시며 네 모든 병을 고치시며 네 생명을 파멸에서 구속하시리라(시 103:1-5).
- 너희 염려를 다 주께 맡겨 버리라 이는 저가 너희를 권고하심이니라(벧전 5:7).
- 너희가 각각 중심으로 형제를 용서하지 아니하면 내 천부께서도 너희에게 이와 같이 하시리라(마 18:35).

■ 성령님의 은혜

- 여호와의 이름을 경외하는 자에게는 의로운 해가 떠올라 치료하는 광선을

발하리라(말 4:2).

- 너희가 땅에서 매면 하늘에서도 매일 것이요 땅에서 풀면 하늘에서도 풀리리라.(마 18:18).
- 어떤 이에게는 한 성령으로 병 고치는 은사를 주시나니(고전12:9).

■ 예수님의 은혜

- 그가 채찍을 맞으므로 나음을 입었도다(사 53:5).
- 예수께서 온 갈릴리에 두루 다니사 회당에서 가르치시며 천국복음을 전파하시며 백성 중에 모든 병과 모든 약한 것을 고치시니 그의 소문이 온 수리아에 퍼진지라. 사람들이 모든 앓는 자 곧 각색병과 고통에 걸린 자, 귀신들린 자, 간질하는 자, 중풍병자를 데려오니 저희를 고치시더라(마 4:23-24).
- 너희가 기도할 때에 무엇이든지 믿고 구하는 것은 다 받으리라(마 21:22).
- 할 수 있거든이 무슨 말이냐 믿는 자에게는 능치 못할 것이 없느니라(막 9:14-29).
- 믿는 자에게는 이런 표적이 따르리니 곧 저희가 내 이름으로 귀신을 쫓아내며 병든 자에게 손을 얹은 즉 나으리라 하시니라(막16:17-18).
- 너희 중에 병든 자가 있느냐. 저는 교회의 장로들을 청할 것이요 그들은 주의 이름으로 기름을 바르며 위하여 기도할지니라. 믿음의 기도는 병든 자를 구원하리니 주께서 저를 일으키시리라(약5:13-16).

■ 기도와 순종과 믿음으로 치료받은 성경의 인물과 사례들

- 아람나라 군대장관 나아만은 문둥병에 걸렸는데 엘리사의 말을 순종하여 치료받음(열하 5:1-14).
- 히스기야 왕은 병들어 죽게 되었을 때에 낯을 벽으로 향하고 '여호와여 내가 진실과 전심으로 주앞에 행하며 주의 보시기에 선하게 행한 것을 기억하옵소서'라고 통곡하며 기도하자 하나님은 히스기야 왕의 기도를 들으시고 그의 눈에서 흐르는 눈물을 보시고 뜻을 돌이켜 왕의 병을 낳게 하심(왕하 20:1-7). "Remember, O LORD, how I have walked before you faithfully and with wholehearted devotion and have done what is good in your eyes."
- 한 문둥병자가 예수님께 절하며 자신의 병을 치료해 달라고 요청하자 주님

은 손을 내밀어 저에게 대시고 "깨끗함을 받으라" 말씀하시며 치료해 주심(마 8:2-3).

- 백부장이 예수님께 나아와 자신의 하인이 중풍병에 걸렸는데 말씀만 하시면 하인의 중풍병이 낫겠다고 하자 예수님은 백부장의 믿음을 보시고 하인의 병을 치료해 주심(마 8:5-13).
- 예수님은 베드로의 집에 들어가 그의 장모가 열병으로 앓아 누운 것을 보시고 그의 손을 어루만져 주시며 열병을 떠나게 하심.(마 8:14-15).
- 침상에 누운 중풍병자를 네 사람이 예수님께 데리고 왔는데 사람이 너무 많아 주님 앞에 나아갈 수 없게 되자 지붕을 뜯어 구멍을 내고 중풍병자를 달아 내림. 이를 보신 예수님은 저들의 믿음을 보시고 치료해 주심(마 9:1-8, 막 2:1-12).
- 가나안 여인이 예수님께 나아와 자신의 딸에게 흉악한 귀신이 들어 병들었는데 '부스러기의 은혜'만이라도 내려달라고 간청하자 예수님은 이 여인의 믿음을 보시고 그 딸을 고쳐주심.(마 15:21-28).
- 12년간 혈루증을 앓던 여인이 '내가 예수님의 옷자락만 만져도 나을 것'이라는 믿음을 가지고 예수님의 옷자락을 만지자 그의 혈루 근원이 곧 말라 치료 받음(눅 5:25-34).
- 예루살렘의 베데스다 연못에는 천사가 가끔 내려와 물을 움직이는데 물이 움직일 때 어떤 병에 걸렸든지 제일 먼저 들어가는 환자는 치료를 받음. 이곳에서 38년 동안 기다린 환자에게 예수님이 "네가 낫고자 하느냐 일어나 네 자리를 들고 걸어가라" 말씀하시며 치료해 주심(요 5:2-15).
  "Get up! Pick up your mat and walk."

- 제자들이 태어날 때부터 소경인 사람을 만나 예수님께 "이 사람이나 그 부모가 잘못한 것이 아니라 그에게서 하나님의 하시는 일을 나타내고자 함이라"고 대답하신 후 땅에 침을 뱉어 진흙을 이겨 그의 눈에 바르시고 저에게 "실로암 못에 가서 씻으라" 말씀하심. 그가 실로암 못에 가서 눈을 씻자 눈이 떠져 시력을 회복함(요 9:1-12).
  "Neither this man nor his parents sinned," said Jesus, "but this happened so that the work of God might be displayed in his life.
  "Go," he told him, "wash in the Pool of Siloam" (this word means Sent).

So the man went and washed, and came home seeing.

• 베드로와 요한이 성전에 기도하러 갔을 때 나면서부터 앉은 뱅이 된 자에게 베드로가 '은과 금은 내게 없거니와 내게 있는 것으로 네게 주노니 **나사렛 예수 그리스도의 이름으로 일어나 걸으라**'고 명령의 기도를 하며 앉은 뱅이의 손을 잡아 일으키자 저의 발과 발목이 곧 힘을 얻어 뛰어 서서 걸으며 그들과 함께 성전에 들어가면서 걷기도 하고 뛰기도 하며 하나님을 찬미함.(행 3:1-10).

"Silver or gold I do not have, but what I have I give you. **In the name of Jesus Christ of Nazareth, walk.**" Taking him by the right hand, he helped him up, and instantly the man's feet and ankles became strong. He jumped to his feet and began to walk. Then he went with them into the temple courts, walking and jumping, and praising God.

▣ 신유의 은사와 안수기도

• 하나님은 목회자 또는 신실한 믿음의 성도에게 환자의 병을 믿음의 기도로 고치는 은사를 주심(고전 12:9).

• 안수기도

▪ 신유의 은사를 받은 사람이 예수님의 이름으로 병든 사람의 치료를 위하여 기도할 때 환자의 아픈 곳 위에 손을 얹어 기도함(막 16:18).

• 예수님은 치료하실 때 말씀으로 치료하심.

▪ 네 믿은 대로 될지어다.

▪ 실로암 못에 가서 씻으라.

▪ 손을 어루만지시니

▪ 내가 원하니

• 성경엔 믿음의 기도로 치료의 역사가 이루어짐을 기록함.

▪ 믿음의 기도는 병든자를 구원하리니.

▪ 병든자에게 손을 얹은 즉 나으리라.

▪ 여호와를 앙망하는 자에게는 의로운 해가 떠올라서 치료하는 광선을 발하리니

언어적 표현- 일치

가까운 것에 일치
Either my sister or my brothers **are** going to do it.
Either my brothers or my sister **is** going to do it.
Neither the books nor the movie **was** helpful.
Neither the movie nor the books **were** helpful.
There **is** a girl and two boys in the room.
There **are** two boys and a girl in the room.

Quiz / Song

Q1. 병은 누구로부터 어떻게 왜 찾아오는지 바르게 연결하시오.

하나님으로부터	A. 믿음이 연약하여 질병에 걸림
사탄으로 말미암아	B. 스트레스
의학적인 병	C. 병원균에 의한 질병
마음의 상함으로	D. 죽음에 대한 두려움
귀신으로 말미암아	E. 계명과 율례를 지키지 아니할 때 찾아 옴

Q2. 치료방법을 바르게 연결하시오.

하나님으로부터 찾아온 병	A. 철저한 회개기도를 통하여 치료됨.
사탄으로 말미암은 병	B. '마음의 즐거움'을 찾는 것
마음에 상함으로부터 찾아온 병	C. 마음속에 간직한 미움, 분노 등을 풀어내야 함.
귀신으로 말미암은 병	D. 처방에 하나님의 도우심을 간구하는 믿음의 기도
의학적인 병	E. 예수 그리스도의 이름으로 악령을 쫓아내야 함.

♫ Song

He' s So Great

He's so great and I'm so small; Jesus holds me lest I tall.

He's the ruler over all He's so great and I'm so small.

He's so strong and I'm so weak. Jesus came his own to seek

All of nature hears Him speak. He's so strong and I'm so weak.

He's my rock and I'm secure; Jesus lives, My hope is sure.

He forever shall endure He's my rock and I'm secure;

Jesus lives, my hope is sure.

He forever shall endure He's my rock and I'm secure;

PART 12

12-1강 사도 바울

12-2강 제자와 사도

12-3강 12 사도

12-1 사도바울

학습목표	• 바울은 어떤 인물이고 그를 통해서 하나님이 전달하고자 하는 의미가 무엇인지 알아본다. • 언어적 표현을 정리한다. - 조건
수업개요	• 사도바울(Apostle Paul) • 사도 바울의 회심 • 회심 직후 사울의 활동 • 사도바울의 전도여행 • 사도바울의 신앙고백 • 바울 서신(13권) • 언어적 표현 • 연습문제

사도바울(Apostle Paul)

- 본래 이름은 사울(행 8:1)
- 가말리엘의 문하생
- 길리기아의 다소에서 출생(행 22:3)
- '바울이라고 하는 사울'(행 13:9)이라는 표현 전에는 사울('여호와께 구하다'의 뜻)로, 그 후 바울('작은자'란 뜻)로 기록됨.
- 베냐민 지파로 바리새인임(빌 3:5).
- 로마 시민권을 가지고 있음(행 22:25-28).
- 유대인의 가장 엄한 교리를 좇는 바리새인의 생활을 하여 율법으로는 흠이 없는 사람이었음(행 23:6, 26:5, 빌 3:6).
- 하나님께 열심인 유대인으로 예수 그리스도의 도를 핍박하여 사람을 죽이기까지 하고 남녀를 결박하여 옥에 넘기기도 함(행9:1-3, 22:4)
- 스데반이 돌에 맞아 순교할 때 증인들은 그의 죽음에 찬성하여 옷을 벗어 사울의 발 앞에 둠(행 7:58).
- 예수님으로부터 이방인과 임금들과 이스라엘 자손들에게 복음을 전파할 사명을 부여 받음(행 9:15).
- 선교할 때 장막 만드는 일을 함(행 18:3).
- 하늘나라를 직접 체험하였기 때문에 인간의 사후세계에 대한 많은 기록을

성경에 남겼으며 여러 계시를 받은 것이 너무 커서 자고하지 않게 하시기 위하여 하나님은 자신에게 육체의 가시를 주었다고 고백함(고후 12:1-7).

- '나의 나된 것은 하나님의 은혜로 된 것'이며 모든 사도들보다 더 많이 수고하였으나 그 수고를 한 것은 자신이 아니요 오직 자신과 함께 하신 하나님의 은혜라 고백함(고전 15:9-10).
- But by the grace of God I am what I am, and his grace to me was not without effect. No, I worked harder than all of them--yet not I, but the grace of God that was with me.

사도 바울의 회심(행 9:1-18)

- 사울이 주님의 제자들에 대한 위협과 살기가 등등하여 대제사장으로부터 예수의 도를 좇는 사람들을 결박하여 예루살렘에 잡아오는 공문을 받아 다메섹으로 가던 도중 예수님께서 홀연히 하늘로부터 빛을 비추게 하시고
  - 사울아 사울아 어찌하여 네가 나를 핍박하느냐, 나는 네가 핍박하는 예수라 일어나 성으로 가라 네가 하여야 할 일을 이를 자가 있느니라."
  - "Saul, Saul, why do you persecute me? I am Jesus, whom you are persecuting, now get up and go into the city, and you will be told what you must do."
- 사울은 주님이 비추는 빛에 눈이 멀어 다메섹으로 인도됨.
- 아나니아가 사울에게 안수하자 사울은 성령이 충만하고 눈이 떠져 다시 보게 되었으며 세례를 받고 음식을 먹으며 건강을 회복함.

회심 직후 사울의 활동

다메섹에서의 복음전파

- 예수님은 하나님 아들이심(행 9:20-22).

예루살렘에서의 복음전파

- 바나바가 사울을 사도들에게 데리고 가서 그가 어떻게 예수님을 만나보았는가와 다메섹에서 복음을 담대하게 전파하였던 일에 대하여 설명함(행 9:26-27).

■ 안디옥 교회에서의 복음전파

- 바나바는 사울을 불러 저와 함께 안디옥교회에서 1년간 많은 사람들을 가르쳤는데 이때 비로소 사람들이 제자들을 '그리스도인(**christian**)'이라 부름(행 11:25-26).

사도바울의 전도여행

■ 제1차 전도 여행(행 13:1-14:28, A.D. 47-49년경)

- 안디옥교회 선지자들과 교사들이 주님을 섬겨 금식할 때 성령께서 사울과 바나바를 따로 세워 안수하고 선교사로 보냄(행 13:1-3).
- 경로(행 13:1-14:28):안디옥 교회 → 실루기아 → 구브로섬 → 살라미 →바보 → 버가 → 안디옥 → 이고이온 → 루스드라 → 더베 → 루스드라 → 이고니온 → 안디옥 → 버가 → 앗달리아를 거쳐 안디옥 교회에 돌아옴.
- 바보에서의 복음전파(행 13:7-12)
- 비시디아의 안디옥에서 복음전파(행 13:14-52).
- 이고니온에서의 복음전파(행 14:1-5)
- 루스드라에서의 복음전파(행 14:8-19)
- 더베에서의 복음전파(행 14:20-21)
- 기타 지역에서의 복음전파(행 14:21-28)

■ 제2차 전도 여행(행 15:36-18:22, A.D. 50-52년경)

- 경로(행 15:36-18:22): 안디옥교회 → 더베 → 루스드라 → 이고니온 → 부르기아 → 갈라디아 → 무시아 → 드로아 → 사모드라게 → 네압볼리 → 빌립보 → 암비볼리 → 아볼로니아 → 데살로니가 → 베뢰아 → 아덴 → 고린도 → 에베소 → 안디옥교회.
- 바울과 바나바는 2차전도여행 시 바나바는 마가 요한을 데리고 가자고 하고 바울은 저가 밤빌리아에서 선교여행을 끝내고 저희 일행을 떠났다 하여 데리고 가지 않겠다 하는 의견대립으로 바나바는 마가 요한과 배를 타고 구브로로 갔고 바울은 실라를 택하여 수리아와 길리기아로 다녀가며 교회를 굳게 함(행 15:36-41).
- 빌립보에서의 복음전파(행 16:11-40)

- 데살로니가에서의 복음전파(행 17:1-9).
- 베뢰아에서의 복음전파(행 17:10-15)
- 아덴에서의 복음전파(행 17:16-34)
- 고린도에서의 복음전파(행 18:1-17)

■ 제3차 전도 여행(행 18:23-20:38, A.D. 53-58년경)

- 경로(행 18:23-21:17): 안디옥교회 → 갈라디아 → 브루기아 → 에베소 → 마게도냐 → 아가이야 → 드로아 → 밀레도 → 고스 → 로도 → 바다라 → 베니게 → 구브로 → 수리아 → 두로 → 돌레마이 → 가이사랴 → 예루살렘.
- 에베소에서의 복음전파(행 18:23-19:20)
- 드로아에서의 복음전파(행 12:1-12).
- 밀레도에서의 복음전파(행 20:13-38)
- 바울은 주 예수의 이름으로 결박 받는 것 뿐 아니라 예루살렘에서 죽을 각오도 되어 있다고 대답하며 예루살렘에 도착, 형제들의 영접을 받음(행 21:1-17).

■ 기타 지역 전도

- 예루살렘에서의 복음전파(행 21:17-23:33)
- 가이사라에서의 복음전파(행 24:1-26:32)
- 로마에서의 복음전파(행 27:1-28:31)

▣ 사도바울의 신앙고백

- 나의 달려갈 길과 주 예수께 받은 사명 곧 하나님의 은혜의 복음을 증거하는 일을 마치려 함에는 나의 생명을 조금도 귀한 것으로 여기지 아니하노라(행 20:24).
  However, I <u>consider</u> my life worth nothing to me, if <u>only</u> I <u>may finish</u> the race and complete the task the Lord Jesus has given me--the task of testifying to the gospel of God's grace.

- 헬라인이나 야만인이나 지혜 있는 자나 어리석은 자에게 내가 빚진 자로다(롬 1:14).
  I am obligated both to Greeks and non-Greeks, both to the wise and the foolish.

- 내가 복음을 부끄러워 아니하니 이 복음은 믿는 자에게 구원을 주시는 하나

님의 능력이 됨이라(롬 1:16).

I am not ashamed of the gospel, because it is the power of God for the salvation of everyone who believes: first for the Jew, then for the Gentile.

- 내가 행하는 것을 내가 알지 못하니 원하는바 선은 행하지 못하고 도리어 미워하는 그것을 행함이라. 이를 행하는 자는 내가 아니며 내 속에 거하는 죄니라(롬 7:15-20)
- 그리스도 예수 안에 있는 자에게는 결코 정죄함이 없나니 이는 그리스도 예수 안에 있는 생명의 성령의 법이 죄와 사망의 법에서 너를 해방하였음이라(롬 8:1-2).

Therefore, there is now no condemnation for those who are in Christ Jesus, because through Christ Jesus the law of the Spirit of life set me free from the law of sin and death.

- 하나님을 사랑하는 자 곧 그 뜻대로 부르심을 입은 자들에게는 모든 것이 합력하여 선을 이루느니라(롬 8:28).

And we know that in all things God works for the good of those who love him, who have been called according to his purpose.

- 우리가 살아도 주님을 위하여 살고 죽어도 주님을 위하여 죽으니 그러므로 사나 죽으나 우리는 주님의 것이로다(롬 14:8).

If we live, we live to the Lord; and if we die, we die to the Lord. So, whether we live or die, we belong to the Lord.

- 십자가의 도가 멸망하는 자들에게는 미련한 것이요 구원을 얻는 우리에게는 하나님의 능력이 됨이라(고전 1:24)
- 오직 부르심을 입은 자들에게는 유대인이나 헬라인이나 그리스도는 하나님의 능력이요 하나님의 지혜니라(고전 1:24).
- 내가 복음을 전할지라도 자랑할 것이 없음은 내가 부득불 할 일임이라(고전 9:16-17)
- 내가 모든 사람에게 자유하였으나 모든 사람에게 종이 된 것은 더 많은 사람을 얻고자 함이라(고전 9:19-21).

- 내게 능력을 주시는 자 안에서 내가 모든 것을 할 수 있느니라(빌 4:13).
  I can do everything through him who gives me strength.

▣ 바울 서신(13권)

- 옥중서신(로마 감옥): 에베소서, 빌립보서, 골로새서, 빌레몬서 등 4권
- 목회서신: 디모데전·후서, 디도서 등 3권
- 기타 서신: 로마서, 고린도전·후서, 갈라디아서, 데살로니가전·후서등 6권
- 자신에 대한 평가
- ▪ 나는 지극히 큰 사도들보다 부족한 것이 조금도 없는 줄 생각하노라(고후 11:5).
  But I do not think I am in the least inferior to those "super-apostles."
- ▪ 나는 사도들 중에 지극히 작은 자라 내가 하나님의 교회를 핍박하였으므로 사도로 칭함을 받기를 감당치 못하겠노라(고전 15:9).
  For I am the least of the apostles and do not even deserve to be called an apostle, because I persecuted the church of God.
- ▪ 나는 모든 성도 중에 지극히 작은 자보다 더 작은 자라(엡 3:8).
  Although I am less than the least of all God's people, this grace was given me: to preach to the Gentiles the unsearchable riches of Christ,
- ▪ 나는 죄인 중에 괴수니라(딤전 1:15)

▣ 언어적 표현-조건

▪ However, I consider my life worth nothing to me, if only I may finish the race and complete the task.

▪ If we live, we live to the Lord; and if we die, we die to the Lord.

▪ If I wash the dishes, Sallly dries them.

▪ If there was a happy man in the world that night, it was John.

▪ If someone is at the door, it must be/should be Peter.

Quiz / Song

Q1. 사도바울에 관한 내용으로 적절하지 못한 것은?

A) 본래이름은 사울

B) "여호와께 구하다"의 뜻.

C) 베냐민 지파로 바리새인임.

D) 로마 시민권을 가지고 있음.

Q2. 사람들이 제자들을 '그리스도인(christian)' 이라 부르게 된 복음전파는 어디인가?

A) 다메섹

B) 안디옥 교회

C) 예루살렘

D) 더베

Q3. 동사의 적절한 형을 넣으시오

- However, I ________ my life worth nothing to me(consider), if only I may finish the race and complete the task.
- If we live, we ________ to the Lord(live); and if we die, we die to the Lord.
- If I wash the dishes, Sallly ________ them(dry).
- If there was a happy man in the world that night, it ________ John(be).
- If someone is at the door, it must/shoud ________ Peter(be).

♫ Song

Fishers of Men

I will make you fishers of men, fishers of men, fishers of men,

I will make you fishers of men, If you follow me,

If you follow me, If you follow me,

I will make you fishers of men, fishers of men, fishers of men,

Hear Christ calling, Come un-to me; Come un-to me; Come un-to me;

Hear Christ calling, Come un-to me, I will give you rest,

I will give you rest, I will give you rest,

Hear Christ calling, Come un-to me, I will give you rest.

Lord, I want to be a christian

1. Lord, I want to be a Christian in my heart, in my heart;
   Lord, I want to be a Christian in my heart, in my heart;
   Lord, I want to be a Christian in my heart.
   In my heart, in my heart, Lord, I want to be a Christian in my heart.

2. Lord, I want to be more loving in my heart, in my heart;
   Lord, I want to be more loving in my heart,
   Lord, I want to be a Christian in my heart.

   Lord, I want to be more loving in my heart, in my heart;
   Lord, I want to be more loving in my heart,
   Lord, I want to be a Christian in my heart.

12-2 제자와 사도

학습목표
- 예수님의 제자에는 어떤 인물이 있었고 그들을 통해서 하나님이 전달하고자 하는 의미가 무엇인지 알아본다.
- 언어적 표현을 정리한다. - 가정법

수업개요
- 제자(Disciple)
- 사도 (Apostle)
- 사도들의 이름
- 12사도의 행적
- 베드로의 체험과 행적 및 선교사역
- 언어적 표현
- 연습문제

제자(Disciple)

- '배우는 사람'이란 뜻
- 예수님은 많은 제자들 중 12명을 택하여 '사도'라 칭하시고(눅 6:12-13)
- 12제자 외에 70명의 제자를 따로 세우시고 두 명씩 짝을 지워 여러 동네로 보내시며 추수할 것은 많되 일꾼이 적으니 주인에게 추수할 일꾼을 보내어 달라고 기도하고 어느 집에 들어가든지 그 집에 평안이 있기를 기원하라고 분부하심(눅 10:19).
- 12제자는 예수님의 명령대로 각처에 다니며 복음을 전차하고 병자를 고침(눅 9:6).
- 70명의 제자도 각처에 다니며 복음을 전파하고 기뻐하며 돌아와 예수님에게 "우리들이 예수님의 이름으로 기도하자 귀신들이 우리 앞에 항복합니다"라고 보고함.
- 주님은 "사탄이 하늘로부터 번개같이 떨어지는 것을 보았다. 귀신이 너희에게 항복하는 것으로 기뻐하지 말고 너희 이름이 하늘나라에 기록되는 것으로 기뻐하라"고 말씀하심.(눅10:17-20).
- 예수님은 어부, 세리, 열심당원 등 보통사람들을 택하여 제자로 삼으시고 저들을 훈련하시고 성령으로 권능을 주셔서 세계복음화의 사명을 맡기심(행 1:8).
- 제자는
- "자기를 부인하고 자기 십자가를 지고 예수님을 따라야 하며(마 16:24).

- “If anyone would come after me, he must deny himself and take up his cross and follow me.
- 사랑의 사람이 되어 모든 사람에게 제자로 인정받아야 하며(요 13:35),
- By this all men will know that you are my disciples, if you love one another.”
- 기쁨과 성령이 충만하고(행 13:52),
- And the disciples were filled with joy and with the Holy Spirit.
- 모든 족속으로 제자를 삼아 성부, 성자, 성령의 이름으로 세례를 주고 예수님이 분부한 모든 것을 가르쳐 지키게 하여야 함(마 28:19-20).
- Therefore go and make disciples of all nations, baptizing them in the name of the Father and of the Son and of the Holy Spirit, and teaching them to obey everything I have commanded you.

- 예수님의 제자들은 서로 누가 크냐고 변론하다가 주님으로부터 “누구든지 으뜸이 되고자하는 자는 종이 되어야 하리라”는 책망을 받았으며(마 20:21-28),
- Whoever wants to become great among you must be your servant, and whoever wants to be first must be your slave.
- 마리아가 매우 귀한 향유 한 옥합을 예수님의 머리에 붓고 머리털로 주님의 발을 씻기며 주님의 장례를 준비하는 것을 보고 돈을 허비한다고 분개한 적도 있으며(마 26:6-13, 요 11:1-2).
- 겟세마네 동산에서 십자가 지시기전 기도하시며 “시험에 들지 않게 깨어 있어 기도하라”는 주님의 특별한 부탁에도 잠을 이기지 못하고 잠을 잤던 사람들이었으며(마 26:36-46),
- 예수님을 위하여 목숨까지도 바치겠다고 비장한 각오를 피력해 보았지만(마 26:31-35, 요 13:36-38),
- 예수님이 잡히시던 날 밤 모두 도망가는 연약함을 보임(마 26:31).
- 베드로는 예수님을 모른다고 세 번이나 부인하였으며(마 26:69-75), 예수님의 부활을 더디 믿었던(눅 24:32-43, 요 20:26-29) 잘못도 있음.
- 제자 중 3명(베드로, 아고보, 요한)은 다른 제자들 보다 예수님의 특별한 배려를 받음.

▣ 사도(Apostle)

- '전권이 위탁된 자, 파송된 자'란 뜻.
- 예수님은 산에 올라가셔서 철야기도하신 후 많은 제자들 중 12제자를 선택하여 '사도'라 부르심(눅 6:12-13).
- 예수님은 이들을 훈련시켜 천국복음전파의 사명을 수행토록 하셨으며, 12사도로 하여금 장차 이스라엘의 12지파를 심판토록 할 예정임(마 19:28).
- 예수님이 이 땅에 계셨을 때는 그리스도를 배우는 과정이기 때문에 제자로 불렸고 예수님의 부활승천 후에는 사도로 불림.
- 사도들이 순교하기까지 사도직의 사명(복음전파)을 수행할 수 있었던 힘은 예수님을 3년이상 따라 다니며 체험한 '이적과 기사'와, 예수님께 직접 배우고 들었던 '말씀에 대한 지식'과 예수님의 부활승천 후 오순절 마가의 다락방에서 체험한 '성령세례에 의한 권능'을 받았기 때문임(행 14:2-4).

▣ 사도들의 이름

구분	마태복음(10:2-5)	마가복음(3:16-19)	누가복음(6:14-16)	사도행전(1:13)
1	시몬(베드로)	시몬(베드로)	시몬(베드로)	베드로
2	안드레 (베드로의 형제)	야고보 (세베데의 아들)	안드레 (베드로의 형제)	요한
3	야고보 (세베데의 아들)	요한 (야고보의 형제)	야고보 (세베데의 아들)	야고보
4	요한 (야고보의 형제)	안드레 (베드로의 형제)	요한 (야고보의 형제)	안드레
5	빌립	빌립	빌립	빌립
6	바돌로메	바돌로메	바돌로메	도마
7	도마	도마	도마	바돌로메
8	마태	도마	도마	마태
9	야고보 (알패오의 아들)	야고보 (알패오의 아들)	야고보 (알패오의 아들)	야고보 (알패오의 아들)
10	다대오	다대오	셀롯사람 시몬	셀롯사람 시몬
11	가나안사람 시몬	가나안사람 시몬	유다 (야고보의 아들)	유다 (야고보의 아들)
12	가룟유다	가룟유다	가룟유다	맛디아(행 1:26)

▩ 12사도의 행적

■ 베드로

- 원래 이름은 시몬('하나님이 응답하셨다'는 뜻)
- 예수님이 베드로의 신앙고백을 들은 후 이름을 베드로(반석)로 바꾸어 줌(마 16:16-20).
- 12제자의 이름이 기록될 때 제일 먼저 언급되었고 야고보와 요한과 함께 예수님으로부터 특별한 배려를 받음.
- 베드로의 행적이 공관복음에 가장 많이 기록됨으로서 성도들에게 수제자로 인식됨.
- 벳세다 출신(요 1:44).
- 요한의 아들(마 16:17, 요 1:42).
- 성격이 급하고 경솔하며 열정적이고 재빠르고 충동적이며 즉흥적인 성격의 소유자임.
- 베드로는 결혼하였으며(막 1:30) 어부로 갈릴리 바다에서 일하다가 예수님의 부름을 받고 제자가 되었으며(마 4:18-20) 베드로 전서(A.D. 64년 전후)와 베드로 후서(A.D. 66년경)를 기록함.

▩ 베드로의 체험과 행적 및 선교사역

- 예수님의 부르심(눅 5:1-10)
- ▪ "깊은 데로 가서 그물을 내려 고기를 잡으라"
- ▪ "Put out into deep water, and let down the nets for a catch."
- ▪ "앞으로는 사람을 취하리라"
- ▪ "Don't be afraid; from now on you will catch men."

- 야이로의 딸의 소생(막 5:21-43).
- ▪ "소녀야 내가 네게 말하노니 일어나라"
- ▪ "Little girl, I say to you, get up!"

- 바다 위를 걸음(마 14:22-33)
- ▪ "만일 주님이시면 나를 명하여 물위로 오라 하소서"

- "Lord, <u>if it's you</u>," Peter replied, "<u>tell me</u> to come to you on the water."

- 신앙고백(마 16:16)
  - "주님은 그리스도요 살아계신 하나님의 아들이십니다"
  - "You are the Christ, the Son of the living God."

- 베드로에게 복을 베푸심.
  - 이름을 베드로로 바꾸심.
  - 베드로의 신앙고백(믿음, 반석) 위에 교회를 세워 음부의 권세가 이기지 못하게 함.
  - 천국열쇠를 주어 땅에서 무엇이든지 매면 하늘에서도 매이고 땅에서 풀면 하늘에서도 풀리리라고 말씀하심.

- 사탄아 물러가라(마 16:21-23)
  - "주여 그리 마옵소서 이일이 결코 주님께 일어나지 않을 것입니다"
  - "사단아 내 뒤로 물러가라 너는 나를 넘어지게 하는 자로다. 네가 하나님의 일을 생각지 아니하고 도리어 사람의 일을 생각하는도다"
  - Get behind me, Satan! You are a stumbling block to me; you do not have in mind the things of God, but the things of men."

- 예수님의 영광의 형상(눅 9:28-36)
  - "초막 셋을 만들어 하나는 주님을 위하여 나머지는 모세와 엘리야를 위하여"
  - "이는 나의 아들이니 너희는 저의 말을 들으라"

- 용서에 대한 질문(마 18:21-35)
  - "형제가 내게 죄를 범하면 일곱 번 용서하면 됩니까"
  - "일흔 번씩 일곱 번이라도 용서하라"
  - "너희가 각각 중심으로 형제를 용서하지 아니하면 내 천부께서도 너희를 용서하지 아니하시리라"

- 세족 체험(요 13:2-20)
  - "주여 내 발을 절대로 씻어 주지 못할 것입니다"
  - "내가 너를 씻어주지 아니하면 너와 내가 상관이 없다"
  - "내 발 뿐 아니라 손과 머리도 씻어 주소서"
  - "이미 목욕한 사람은 발밖에 씻을 필요가 없다. 내가 주와 선생이 되어 너

희 발을 씻어 주었으니 너희도 서로 발을 씻어 주라"

- 겟세마네 동산에서의 예수님 기도(마 26:36-46)
- "나와 함께 깨어 있어 기도하라"

- 말고의 귀를 자름(마 26:47-56, 눅 22:47-53)
- "검을 도로 집에 넣으라 검을 가진 자는 검으로 망하느니라"

- 예수님을 모른다고 부인함(마 26:57-75)
- 첫번째는 단순하게, 두 번째는 맹세하며, 세번째는 저주하며 부인하였으며 이때 닭이 울자 예수님의 말씀이 생각나서 밖에 나가 심히 통곡함.

- 부활하신 주님으로부터 "내양을 먹이라"는 말씀을 들음
- 사도추천 제의(행 1:15-26)
- 성령세례 체험
- "너희는 회개하여 각각 예수 그리스도의 이름으로 세례를 받고 죄사함을 얻으라 그러면 성령을 선물로 받으리라"(행 2:1-42).

  "Repent and be baptized, every one of you, in the name of Jesus Christ for the forgiveness of your sins. And you will receive the gift of the Holy Spirit.

언어적 표현- 가정법

직설법 조건문: If+주어+현재형 동사 ~, 주어+will/shall/can/may+동사원형
• If it's you, tell me to come to you on the water.
가정법 현재: If+주어+동사원형 ~, 주어+will/shall/can/may+동사원형
• By this all men will know that you are my disciples, if you love one another.
가정법 과거: If+주어+과거동사 ~, 주어+ would / should / could / might +동사원형 …
• If anyone would come after me, he must deny himself and take up his cross and follow me. • If I were a bird, I could fly to you.
가정법 과거완료: If+주어+had+과거분사 ~, 주어+ would / should / could / might +have+과거분사 …
• If I had had much money, I would have bought the car.

Quiz / Song

Q1. 예수님의 제자의 본분이 아닌 것은?

A) 자기를 부인하고 자기 십자가를 지고 예수님을 따라야 함.

B) 사랑의 사람이 되어 자신을 제자로 인정해야 함.

C) 기쁨과 성령이 충만해야 함.

D) 모든 족속으로 제자를 삼아 성부, 성자, 성령의 이름으로 세례를 줌.

Q2. 사도들이 순교하기까지 사도직의 사명(복음전파)을 수행할 수 있었던 힘에 해당하지 않는 것은?

A) 이적과 기사

B) 말씀에 대한 지식

C) 성령세례에 의한 권능

D) 군과 왕권

Q3. 동사의 적절한 형을 넣으시오.

- If it ________ you(be), tell me to come to you on the water.
- By this all men will know that you are my disciples, if you ________ one another(love).
- If I ________ a bird(be), I could fly to you.
- If I ________ much money(have), I would have bought the car.

♫ Song

There Were Twelve Disciples

There were twelve disciples
Jesus called to help Him:
Simon Peter, Andrew,
James, his brother John;
Philip, Thomas, Matthew,
James, the son of Alpheus,
Thaddeus, Simon, Judas,
And Bartholomew.
He has called us, too. He has called us too;
We are His disciples, I am one and you.
he has called us, too. He has called us, too;
We are His disciples, We His work must do.

12-3 12사도

학습목표
- 예수님의 제자에는 어떤 인물이 있었고 그들을 통해서 하나님이 전달하고자 하는 의미가 무엇인지 알아본다.
- 언어적 표현을 정리한다. - 강조

수업개요
- 안드레(Andrew)
- 야고보(James)
- 요한 (John)
- 빌립(Philip)
- 바돌로메(Bartholomew)
- 도마(Thomas)
- 마태(Matthew)
- 야고보와 유다
- 시몬과 맛디아
- 배신자 가룟 유다(Judas Iscariot)
- 언어적 표현
- 연습문제

▣ 안드레(Andrew)

- 용감한, 남자다운 등 '남자'란 뜻.
- 요한의 아들로 벳세다 사람.
- 베드로와 형제사이로 직업은 어부이며 가버나움에 살았을 때 예수님의 부름을 받고 제자가 됨(마 4:18, 막 1:21, 29, 요 1:44).
- 베드로와 대조적으로 같은 형제이면서 안드레는 조용하고 신중한 성격을 가지고 있음(요 1:35-40).
- 세례 요한의 제자였으며 세례 요한이 예수님을 보고 "보라 하나님의 어린양이로다"라는 말을 듣고 세례요한의 다른 제자와 함께 예수님을 좇았으며, '예수님은 메시아'임을 제일먼저 믿은 제자임(요 1:35-42).
- 광야에서 보리떡 다섯 개와 물고기 두 마리를 가진 소년을 예수님께 인도하여 예수님이 오병이어의 기적을 행할 수 있도록 하였는데, 안드레는 "그러나 이것이 이 많은 사람에게 얼마나 되겠습니까"라며 반신반의 함(요 6:1-13).

• 스구디아, 헬라, 소아시아에서 선교활동을 했으며 전설에 의하면 아가야에서 X자형 십자가에 못 박혀 순교하여, X자형 십자가를 오늘날 '성안드레 십자가'라고 부름.

▣ 야고보(James)

• 세베데의 아들로 요한의 형제임(막 1:19)
• 직업은 두 형제 모두 어부임(눅 5:10-11).
• 야고보와 요한 모두 성미가 급하여 예수님은 이들에게 보아너게 즉 '우뢰의 아들' 이라는 별명을 주심(막3:17).
• 베드로와 함께 두 형제 모두 변화산에서 예수님의 영광의 형상을 봄(마 17:1-8).
• 예수님이 회당장 야이로의 딸을 죽은 자 가운데서 살리시는 것을 목격함(행 13:52).
• 겟세마네 동산에서 기도하실 때도 같이 있었음(마 18:19-20).
• "이 두 아들을 하나님 나라에서 하나는 주님 우편에 하나는 주님 좌편에 앉게 하소서"(마 20:21).

  "Grant that one of these two sons of mine may sit at your right and the other at your left in your kingdom."
• "누구든지 으뜸이 되고자 하는 자는 섬기는 종이 되어야 하며 자신도 섬김을 받으러 온 것이 아니라 섬기기 위하여(마 20:27-28),

  Whoever wants to be first must be your slave--just as the Son of Man did not come to be served, but to serve, and to give his life as a ransom for many."
• 자기 목숨을 많은 사람의 대속물로 주시기 위하여 이 땅에 오셨음"(막 10:35-45).
• 헤롯 왕 아그립바 I세에게 목베임을 받고 순교함(행 12:1-2)
• 야고보를 고소하여 체포토록 한 사람이 야고보의 증언을 듣고 감동을 받아 그리스도인이 되어 함께 처형을 받음.

요한 (John)

- '여호와의 은총을 받다'라는 뜻.
- 세베데의 아들로 야고보의 형제이며 이름의 뜻대로 여호와의 은총을 받으며 일생을 살면서 요한복음, 요한 1, 2, 3서, 요한계시록을 기록함.
- 공관복음은 예수님의 사역을 중심으로 기록되었으나 요한복음은 '예수님은 하나님의 아들이며 그리스도(요 3:16), '길과 진리와 생명'(요 14:6), '부활이요 생명'(요 11:25-26) 및 '내가 너희를 사랑한 것 같이' 너희도 서로 사랑하라(요 13:34-35)'는 새 계명 등 주옥같은 진리의 말씀을 기록함.
- 12사도 중 순교 당하지 않고 유일하게 장수하였으며, 에베소에서 멀지 않은 곳 에게해 복판 밧모섬에 유배되어 A.D. 81-96년경 성령의 감동으로 요한계시록을 기록함.
- 요한은 자기자신을 '예수님이 사랑하시는 제자'(요 13:23, 19:26, 20:2, 21:7)로 기록하였음.
- 십자가 지신 예수님을 바라볼 때 예수님이 모친 마리아에게 요한을 가르치며 "보소서 아들입니다"라고 말씀하시고, 요한에게는 "보라, 네 어머니라"고 하자 요한은 이때부터 예수님의 모친 마리아를 자기 집에 모심(요 19:26-27).

빌립(Philip)

- '말을 사랑하는 자'란 뜻.
- 예수님이 갈릴리로 가시며 "나를 따라 오라"하여 제자가 되었으며 안드레, 베드로와 동향인 벳세다 사람임(요 1:43-44).
- 평소 모세의 율법과 여러 선지자가 기록한 메시아를 기다리고 있었으며 예수님을 만나자 이분이 그리스도이심을 믿고 친구 나다니엘에게 "나사렛 예수님이 그리스도임"을 소개함(요 1:45-51).
- "나는 길과 진리와 생명이며 너희가 나를 알았으면 내 아버지도 알았고 또 보았으니라"
- "아버지를 우리에게 보여주소서"라고 부탁함.
- "나를 본자는 아버지를 보았거늘 왜 아버지를 보이라고 하느냐"고 말씀하시

고 “내가 아버지 안에 있고 아버지가 내 안에 계심을 믿으라, 믿지 못하겠거든 행하는 그 일을 인하여 나를 믿으라”고 말씀하심(요 14:1-14).

- 믿음이 부족했던 빌립도 성령세례를 받은 후 브르기아에서 전도했으며 히에라볼리에서 순교함.

▩ 바돌로메(Bartholomew)

- 돌메의 아들
- 요한복음에는 ‘바돌로메’란 이름이 없고 제자들의 이름이 나오는 곳에 ‘나다니엘(‘하나님의 선물’이란 뜻)’이라는 이름이 나옴(요 1:45-51, 21:2)
- 예수님은 저를 가리켜 “나다니엘은 찬 이스라엘 사람이요 그 속에 간사함이 없다”고 말씀하심(요 1:47).
- 주님은 하나님의 아들이시며 이스라엘의 임금입니다” 라며 신앙을 고백함(요 1:49).
- “Rabbi, you are the Son of God; you are the King of Israel.”
- “내가 너를 무화과나무 아래에서 보았다고 믿느냐 이보다 더 큰일을 보리라. 하늘이 열리고 하나님의 사자들이 인자 위에 오르내리는 것을 보리라”고 말씀하심(요 50-51)
- 성경을 연구하며 기도하는 사람이었고 진실하며 신중하고 이성적인 사람이었음을 발견할 수 있음.
- 이도 아르메니아 루가니아 메소포타미아 페르시아 등에서 선교하였으며 아르메니아에서 순교함.

▩ 도마(Thomas)

- “쌍둥이”란 뜻으로 ‘디두모’라는 별칭이 있음(요 11:16, 20:24, 21:2).
- 예수님이 ‘십자가에서의 죽음과 부활’에 대하여 말씀하자 제자들은 근심에 싸임.(요 14:1-6)
- “너희는 마음에 근심하지 말고 하나님을 믿고 또 나를 믿으라. 내가 너희를 위하여 하늘나라에 너희의 처소를 예비하면 다시 와서 너희를 내게로 영접하여 나 있는 곳에 너희도 있게 하리라. 내가 가는 그 길을 너희가 알리라”. Do not let your hearts be troubled; Trust in God; trust also in me. And

if I go and prepare a place for you, I will come back and take you to be with me that you also may be where I am.

- "주님, 우리가 주님이 어디로 가시는지 그 길을 어떻게 알겠습니까"라고 질문 함.

  "Lord, we don't know where you are going, so how can we know the way?"

- "나는 길이요 생명이니 나로 말미암지 않고는 아버지께 올자가 없다"고 대답함.

  "I am the way and the truth and the life. No one comes to the Father except through me.

- 의심 많은 제자
  - "내가 그 손의 못자국을 보며 내 손가락을 그 못 자국에 넣으며 내 손을 그 옆구리에 넣어 보지 않고는 믿지 않겠다(요 20:24-25)"
  - "네 손가락을 내밀어 내 손을 보고 내 옆구리에 넣어 보라, 그리하고 믿음 없는 자가 되지 말고 믿는 자가 되라"
  - "나의 주님이시며 나의 하나님입니다"라고 고백함.
  - "너는 나를 본고로 믿느냐 보지 못하고 믿는 자들은 복되도다(요 20:26-29)".

- 파르테아, 페르시아, 인도 등지에서 복음을 전파하다가 인도에서 순교함.

▣ 마태(Matthew)

- 알패오의 아들로 세관에서 일할 때는 '레위'로 불렸으며(막 2:14, 눅 5:27) 성경에 사도로 소개될 때는 마태로 기록됨(마 10:3, 막 3:18, 눅 6:15, 행 1:13)
- 세관에서 일할 때 예수님이 지나가시다가 "나를 좇으라"는 말씀에 바로 일어나 예수님의 제자가 됨.
  - "건강한 자에게는 의원이 쓸데없고 병든 자에게 필요하며, 나는 의인을 부르러 온 것이 아니라 죄인을 불러 회개 시키러 왔노라(마 9:9-13, 눅 5:27-32)".

"It is not the healthy who need a doctor, but the sick. I have not come to call the righteous, but sinners to repentance."

- 신약성경 가운데 제일 첫 번째 책인
- 마태복음을 기록하였으며 전설에 의하면 에티오피아에서 선교하다가 순교함.

야고보와 유다

■ 야고보(James)

- 알패오의 아들이며(마 10:3, 행 1:13) 블레셋과 애굽에서 전도하였고 애굽에서 순교함.
- 요한의 형제 야고보는 예수님의 특별한 배려를 받은 세 사람(베드로, 요한, 야고보)중의 한 명.

■ 다대오 유다(Judas)

- 다대오는 '사랑하는 또는 마음이 고운'이란 뜻.
- 유다는 '찬송하다'라는 뜻(창 29:35).
- "왜 우리에게는 나타내시고 세상에는 나타내지 않으려 하십니까"라고 질문함.
- "나를 사랑하는 사람은 내 말을 지킬 것이며 하나님이 저를 사랑하실 것이요, 우리가 저에게 와서 저가 우리와 함께 살도록 하겠음이라"라고 대답함.
- 유브라데스강 근처 에뎃사에거 전도하였으며 알메니아에서 교회를 세우고 쿠리스탄으로 갔다가 그 곳에서 순교함.

시몬과 맛디아

■ 시몬(Simon)

- "하나님이 응답하셨다"는 뜻(창 29:33).
- 로마로부터 독립운동을 했던 세력 중 가장 단호하게 저항한 단체인 셀롯 당의 당원(눅 6:15).
- 소아시아 북아프리카 흑해 지역과 바벨론 등지에서 복음을 전했으며 페르시아에서 순교함.

■ 맛디아(Matthias)

- '여호와의 은사'라는 뜻.
- 가룟 유다가 자살한 후 베드로가 "예수님이 세례요한에게 세례를 받으신 후부터 부활 승천하실 때까지 제자들과 함께 하며 주님으로부터 교육 받았던 사람 중에서 유다를 대신할 사도를 추천해 줄 것"을 120여명의 제자들 앞에서 제의함에 따라 저들은 요셉과 맛디아를 추천하였으며 제비뽑기로 맛디아가 사도의 수에 가입함(행 1:15-26).
- 에티오피아에서 전도하다 순교함.

배신자 가룟 유다(Judas Iscariot)

- 시몬의 아들(요 13:2)
- 유다는 예수님을 배반하기 전 헌금관리의 일을 담당함(요 12:6)
- 예수님은 유다를 '마귀(요 6:70)' '멸망의 자식(요 17:12)'이라 부르심.
- "차라리 이 세상에 태어나지 않았으면 좋았을 것"(막 14:21)이라 말씀하심.
- 유다는 예수님이 로마로부터 이스라엘의 국권을 회복할 것이라고 믿지 못하여 배반의 길로 들어섬.
- 예수님은 제자들에게 "너희 중에 하나가 나를 팔리라" 말씀하시고 떡조각을 유다에게 주심(요 13:21-30).
- 예수님의 정죄됨을 보고 스스로 뉘우쳐 예수님을 배반할 때 받았던 은 30을 대제사장과 장로들에게 도로 갖다 주며 "내가 무고한 피를 팔고 죄를 범했다고"하고 은을 성소에 던져 넣고 물러가서 스스로 목매어 죽음(마 27:3-5, 행 1:18).

언어적 표현- 강조

It ~ that ~	It is a lot of fun that sons play a baseball with fathers.
It ~ who ~	It is not the healthy who need a doctor, but the sick.
It ~ to 동사 ~	It is useless to persuade him. It is a lot of fun for sons to play a baseball with fathers.

Quiz / Song

Q1. 이름과 뜻을 바르게 연결하시오.

Simon	A. 여호와의 은총을 받다
Andrew	B. 말을 사랑하는 자
John	C. 하나님이 응답하셨다
Philip	D. 남자

Q2. 뜻과 이름을 연결하시오.

Nathanael	A. 멸망의 자식
Thomas	B. 사랑하는, 찬송하다
Thaddaeus Judas	C. 쌍둥이
Judas Iscariot	D. 하나님의 선물

Q3. It is a lot of fun that sons play a baseball with fathers.

A) 참　　B) 거짓

Q4. It is not the healthy that need a doctor, but the sick.

A) 참　　B) 거짓

♫ Song

God Takes Care of Me

God is watching over me, Though His face I can not see.
I can trust Him every day; God takes care of me.
I will never have a fear, For Jesus Christ is always near.
Every day and every night, God takes care of me.

PART 13

13-2강 예수님의 부활

13-2 예수님의 부활

학습목표	• 예수님의 부활을 성서적으로 어떤 의미를 가지고 부활사건을 통해 우리에게 전달하고자 하나님의 뜻을 알아본다. • 언어적 표현을 정리한다. - 숙어
수업개요	• 예수님의 부활에 대한 예표 사건 • 어떻게 부활하셨나? • 부활하신 후 예수님의 몸 • 부활의 증거 • 예수님이 부활하신 후 제자들에게 하신 말씀 • 부활 후의 결과 • 예수님의 부활이 없었다면 • 언어적 표현 • 연습문제

예수님의 부활에 대한 예표 사건

■ 아브라함의 부활신앙

• 하나님이 아브라함에게 아들 이삭을 모리아산에서 번제로 드리라는 말씀을 하셨을 때 아브라함은 하나님이 이미 "이삭에게 나는 자라야 네씨라 칭할 것(창 21:12)이며, 네 자손이라 칭할 자는 이삭으로 말미암으리라"(히 11:18)라고 말씀하셨기 때문에 하나님이 이삭을 능히 죽은 자 가운데서 다시 살리실 것(롬 4:17, 히 11:19)으로 생각함.

■ 요나서

• 서기관과 바리새인 몇 명이 예수님께 표적을 보여달라고 요청하자 예수님은 이들에게 "요나가 밤낮 사흘을 큰 물고기 뱃속에 있었던 것 같이 인자도 밤낮 사흘을 땅속에 있으리라"고 대답하시며, 요나의 사건은 자신의 부활을 예표하신 것으로 설명하심(마 12:38-40).

■ 예수님 자신의 예언(요 2:19)

• 너희가 이 성전을 헐라 내가 사흘 동안 일으키리라(요 2:19).

Jesus answered them, "Destroy this temple, and I will raise it again in three days."

• 베드로의 신앙고백(예수님은 그리스도요 하나님의 아들이심, 마 16:16)이 있은 후,

Simon Peter answered, "You are the Christ, the Son of the living God."

• 예수님께서 제자들에게 자신이 예루살렘에 올라가 장로들과 대 제사장들과 서기관들에게 많은 고난을 받고 죽임을 당한 후 제3일에 살아나실 것을 예언하심(마 16:21, 17:22-23).

From that time on Jesus began to explain to his disciples that he must go to Jerusalem and suffer many things at the hands of the elders, chief priests and teachers of the law, and that he must be killed and on the third day be raised to life.

▩ 어떻게 부활하셨나?

■ 하나님의 권능으로(행 2:23-24)

• This man was handed over to you by God's set purpose and foreknowledge; and you, with the help of wicked men, put him to death by nailing him to the cross. But God raised him from the dead, freeing him from the agony of death, because it was impossible for death to keep its hold on him.

■ 자신의 권능으로(요 2:19)

• Jesus answered them, "Destroy this temple, and I will raise it again in three days."

■ 성경대로(고전 15:3-4).

• For what I received I passed on to you as of first importance: that Christ died for our sins according to the Scriptures, that he was buried, that he was raised on the third day according to the **Scriptures,**

▣ 부활하신 후 예수님의 몸

■ 살과 뼈가 있었으며(눅 24:39),

- Look at my hands and my feet. It is I myself! Touch me and see; a ghost does not have **flesh and bones**, as you see I have."

■ 영광의 몸이다(빌 3:21).

- who, by the power that enables him to bring everything under his control, will transform our lowly bodies so that they will be like his **glorious body**.

■ 다시 죽지 아니하는(롬 6:9)

- For we know that since Christ was raised from the dead, he cannot die again; death no longer has mastery over him.

■ 영적인 몸이 되어(고전 15:44)

- it is sown a natural body, it is raised a spiritual body. If there is a natural body, there is also a **spiritual body**.

▣ 부활하신 후 예수님의 몸

- 물체의장애를 받지 아니하고 시간과 공간의 지배를 받지 않았다(눅 24:36, 요 20:19).

  While they were still talking about this, Jesus himself stood among them and said to them, "Peace be with you."

  On the evening of that first day of the week, when the disciples were together, with the doors locked for fear of the Jews, Jesus came and stood among them and said, "Peace be with you!"

▣ 부활의 증거

■ 빈 무덤(마 28:6)

- 안식 후 첫날 여자들(막달라 마리아, 요안나, 살로메, 야고보의 모친 마리아 등)이 예비한 향품을 가지고 무덤에 갔으나 예수님의 시체는 없음(막 16:1-6, 눅 24:1-10)
- 베드로는 무덤에 달려가서 예수님의 세마포만 봄(눅 24:11-12).
- 예수님이 제자들에게 "인자가 죽은 자 가운데 제3일에 살아날 것"(마 17:9, 23, 26:32)을 미리 말씀하셨어도 그들은 예수님의 부활을 믿지 않았음.

  As they were coming down the mountain, Jesus instructed them, "Don't tell anyone what you have seen, until the **Son of Man** has been raised from the dead."

  They will kill him, and on the third day he will be raised to life." And the disciples were filled with grief.

  But after I have risen, I will go ahead of you into Galilee."

■ 천사들의 간증

- 여자들이 근심할 때 천사들이 나타나 어찌하여 산 자를 죽은 자 가운데서 찾느냐, 여기 계시지 않고 살아나셨느니라. 갈릴리에 계실 때 어떻게 말씀했는지 기억하라. 인자가 죄인의 손에 넘어가 십자가에 못 박히고 제 삼일에 다시 살아나야 하리라 말씀하셨느니라(눅 24:5-7).

  In their fright the women bowed down with their faces to the ground, but the men said to them, "Why do you look for the living among the dead?He is not here; he has risen! Remember how he told you, while he was still with you in Galilee: 'The Son of Man must be delivered into the hands of sinful men, be crucified and on the third day be raised again."
- 가서 그의 제자들과 베드로에게 예수님이 갈릴리로 가실 것이므로 이곳으로 가도록 전하라(막 16:7).

  But go, tell his disciples and Peter, 'He is going ahead of you into Galilee. There you will see him, just as he told you.'

- 부활하신 예수님이 5백명에게 나타나심(고전 15:6)

  After that, he appeared to more than five hundred of the brothers at the same time, most of whom are still living, though some have fallen asleep.

- 스테반 순교시 나타나심(행 7:56)

  "Look," he said, "I see heaven open and the Son of Man standing at the right hand of God."

- 다메섹에서 사도 바울에게 나타나심(행 9:5)

  "Who are you, Lord?" Saul asked. "I am Jesus, whom you are persecuting," he replied.

- 예수님은 약속하신 대로 성도들에게 성령세례를 체험케 하심(행 1:4-5 행 2:1-4)

  On one occasion, while he was eating with them, he gave them this command: "Do not leave Jerusalem, but wait for the gift my Father promised, which you have heard me speak about. For John baptized with water, but in a few days you will be baptized with the Holy Spirit."

- 제자들에게 증인이 되게 하심(행 1:7-8).

  He said to them: "It is not for you to know the times or dates the Father has set by his own authority. But you will receive power when the Holy Spirit comes on you; and you will be my witnesses in Jerusalem, and in all Judea and Samaria, and to the ends of the earth."

- 부활하신 후 40일 동안 하나님 나라의 일을 말씀하심(행 1:1-3).

  In my former book, Theophilus, I wrote about all that Jesus began to do and to teach until the day he was taken up to heaven, after giving instructions through the Holy Spirit to the apostles he had chosen. After his suffering, he showed himself to these men and gave many convincing proofs that he was alive. He appeared to them over a period of forty days and spoke about the kingdom of God

▣ 예수님이 부활하신 후 제자들에게 하신 말씀

- 너희에게 평강이 있으라 아버지가 나를 세상에 보내신 것 같이 나도 너희를 보내노라(요 20:21)

  Again Jesus said, "Peace be with you! As the Father has sent me, I am sending you."

- 성령을 받으라 너희가 뉘 죄든지 사하면 사하여질 것이요 뉘 죄든지 그대로 두면 그대로 있으리라(요 20:22-23)

  And with that he breathed on them and said, "Receive the Holy Spirit. If you forgive anyone his sins, they are forgiven; if you do not forgive them, they are not forgiven."

- 내가 내 아버지의 약속하신 것을 너희에게 보내리니 너희는 위로부터 능력을 받을 때까지 이 성에 머물라(눅 24:49).

  I am going to send you what my Father has promised; but stay in the city until you have been clothed with power from on high."

- 예루살렘을 떠나지 말고 내게 들은바 아버지의 약속하신 것을 기다리라. 요한은 물로 세례를 베풀었으나 너희는 몇 날이 못되어 성령으로 세례를 받으리라(행 1:4-5)

  On one occasion, while he was eating with them, he gave them this command: "Do not leave Jerusalem, but wait for the gift my Father promised, which you have heard me speak about. For John baptized with water, but in a few days you will be baptized with the Holy Spirit."

- 믿는 자들에게는 이런 표적이 따르리니 곧 저희가 내 이름으로 귀신을 쫓아내며 새 방언을 말하며 뱀을 집으며 무슨 독을 마실지라도 해를 받지 아니하며 병든 사람에게 손을 얹은즉 나으리라(막 16:17-18)

  And these signs will accompany those who believe: In my name they will drive out demons; they will speak in new tongues; they will pick up snakes with their hands; and when they drink deadly poison, it will not hurt them at all; they will place their hands on sick people, and they will get well."

▣ 부활 후의 결과

- 예수님이 하나님 아들이심을 증거함(롬 1:4)
- 부활을 믿는 자에게 영생을 주시고 보증함(요 11:24-26)
- 예수님이 죽은 자의 부활의 첫 열매(고전 15:20-26)가 되어 주셨기 때문에 이미 죽은 자의 부활을 보증함(고전 15:12-19).
- 예수님 재림시 죽은 자들이 살아나고 살아 있는 성도는 휴거(공중들림)되어 공중에서 예수님을 만나 영원히 주와 함께 살게 됨(살전 4:16-17)

▣ 예수님의 부활이 없었다면

- 사도 바울은 예수님의 부활에 대하여 A.D. 55-57년 사이 에베소에서 고린도 교회에 '예수님의 부활이 없었다면'이라는 가정 하에 편지를 씀.
- 만일 예수님의 부활이 없었다면 그리스도께서 다시 살지 못하셨을 것이며 우리의 전파하는 것과 믿음이 헛것이며 우리가 예수님의 부활을 증거하므로 우리는 하나님의 거짓 증인으로 발견될 것임(고전 15:13-15).
- 만일 죽은 자가 다시 사는 것이 없으면 하나님이 그리스도를 살리시지 않았을 것이며 그리스도도 다시 사는 것이 없었을 것이며 그러면 우리의 믿음이 헛되며 우리는 여전히 죄 가운데 있을 것이며 그리스도 안에서 죽은 자도 망하였을 것임(고전 15:15-18).
- 만일 그리스도 안에서 죽은 자 가운데 다시 살아 잠자는 자들의 첫 열매가 되셨는데 이는 사망이 사람으로 말미암음 같이 부활도 사람으로 말미암기 때문임(고전 15:21-22).

▣ 언어적 표현- 숙어

He must be killed and on the third day be raised to life.
This man was handed over to you by God's set purpose and foreknowledge
You put him to death by nailing him to the cross.
For what I received I passed on to you as of first importance
Christ died for our sins according to the Scriptures,
In their fright the women bowed down with their faces to the ground
He appeared to more than five hundred of the brothers at the same time

Quiz / Song

Q1. 예수님의 부활에 대한 예표사건이 아닌 것은?

A) 아브라함의 부활신앙

B) 요나서

C) 예수님 자신의 예언

D) 베드로의 신앙고백

Q2. 부활하신 예수님의 몸에 해당하지 않는 것은?

A) 살과 뼈가 있다.

B) 못 자국이 없다.

C) 다시 죽지 아니한다.

D) 시간과 공간의 지배를 받지 않았다.

Q3. 부활의 증거에 해당하지 않는 것은?

A) 빈무덤

B) 천사들의 간증

C) 성도들에게 성령세례를 체험케 하심.

D) 부활하신 예수님이 수천 명에게 나타나심.

Q4. 빈칸을 채워서 밑에 있는 문장을 완성하십시오.

- He must be killed and on the third day be raised ________ life.
- This man was handed ________ to you by God's set purpose and foreknowledge.
- You put him ________ death by nailing him to the cross.
- For what I received I passed ________ to you as of first importance.
- Christ died ________ our sins according to the Scriptures.
- In their fright the women bowed ________ with their faces to the ground.

♫ Song

He IS Risen!

"He is risen," said the angel, He is risen from the dead.

Jesus lives now up in Heaven: Jesus lives, just as he said.

Silent Night

Silent night, holy night, All is calm, all is bright

Round you Virgin Mother and child!

Holy infant so tender and mild,

Sleep in heavenly peace, Sleep in heavenly peace.

■참고문헌

박영순, 임영근. 2005. 영어동요 120곡. 교문사.

생명의 말씀사. 2001. English Bible.

안창룡. 2003. 열린성경공부. 도서출판 바울.

BBC. 2004. Testament - The Bible in Animation. Sun Media.

Nate Horton. 2005. Preschool Bible Songs. A Beka Book.

Pamela Conn Beall & Susan Hagen Nipp. 2006. Wee Sing More Bible Songs. Price Stern Sloan.

Pamela Conn Beall & Susan Hagen Nipp. 2007. Wee Sing Bible Songs. Price Stern Sloan.

William B. Kowalchuk. 2003. Greatest Heroes Legends. 서울 콤 프로덕션.

http://www.ctmbible.net

http://www.cjmuseum.net